Bernard Jakoby

Wege der Unsterblichkeit

Bernard Jakoby

Wege der Unsterblichkeit

*Neue Erkenntnisse
über die Nahtoderfahrung*

nymphenburger

© 2011 nymphenburger in der
F. A. Herbig Verlagsbuchhandlung GmbH, München.
Alle Rechte vorbehalten.
Schutzumschlag: Wolfgang Heinzel
Schutzumschlagmotiv: Hildegard Morian
Satz: Ina Hesse
Gesetzt aus: 11/14 pt. Sabon
Druck und Binden: GGP Media GmbH, Pößneck
Printed in Germany
ISBN 978-3-485-01341-3

www.sterbeforschung.de
www.nymphenburger-verlag.de

Inhalt

Einleitung 11

1. Kapitel
Die Merkmale der Nahtoderfahrung 15

Was ist eine Nahtoderfahrung? 15
Die wesentlichen Aspekte einer Nahtoderfahrung 16
Was ist Todesnähe? 26
Verbreitung von Todesnähe-Erlebnissen 29

2. Kapitel
Das Sterbeerlebnis in der Weltgeschichte 31

Sterben als universelles Erlebnis 31
Vorzeitmensch und Schamanismus 32
Das alte Ägypten 35
Das alte Persien 36
Die Antike 37
Hinduismus 40
Buddhismus 42
Judentum 45
Islam 47
Christentum 49
Mittelalter 55
Mystik 59

3. Kapitel
Die Entstehung der Sterbeforschung 62

Das Fünf-Phasen-Modell 62
Die Verbreitung der Hospizidee 65
Widerstände 66
Warten auf den Tod 67
Annehmen können 68
Die Geburtsstunde der Sterbeforschung 69

4. Kapitel
Die aktuelle Sterbeforschung 73

Belege für ein Leben nach dem Tod 73
1. Wahrnehmungen trotz tiefer Bewusstlosigkeit 75
2. Erfahrungen unter Narkose 76
3. Verifizierung der Aussagen nach einer
   außerkörperlichen Erfahrung 77
4. Details der Lebensrückschau 78
5. Todesnähe-Erlebnisse von Kindern 80
6. Kulturübergreifende Vergleiche 85

5. Kapitel
Seele und Bewusstsein 89

Die Funktion der Seele 89
Das menschliche Bewusstsein 95
Was geschieht bei der Geburt? 98
Die Loslösung vom Körper 102

6. Kapitel
Begegnungen mit Verstorbenen 107

Die Wiederbegegnung in den
Nahtoderfahrungen 107
Spontane Kontakte nach dem Tod 115
Empathische Todesnähe-Erlebnisse 118
Remos Unfall 121
Erste Zeichen 123
Multiple Phänomene 125

7. Kapitel
Die Bedeutung der Lebensrückschau 132

Der Lebensfilm 132
Die doppelte Perspektive 133
Die Lichtgestalt 135
Nichts geht verloren 137
Die goldene Regel 138
Liebe als objektiver Maßstab 139
Heilung 143
Tägliche Übung 145

8. Kapitel
Persönlichkeitsveränderungen nach einer
Nahtoderfahrung 147

Das lebensverändernde Ereignis 147
Reaktionen des Umfeldes 148
Neues Selbstbild 150
Keine Angst vor dem Tod 153
Paranormale Auswirkungen 154

Zukunftsprogressionen 157
Prophetische Nahtoderfahrungen 158
Die Gabe des Heilens 162

9. Kapitel
Die Wahrnehmung des Jenseits 167

Akustische Wahrnehmungen 167
Die transzendente Schönheit der geistigen Welt 170
Lichtstädte und Gebäude 173

10. Kapitel
Die Verschmelzung mit allem Wissen 175

Der Zugang zu höherem Wissen 175
Das Lichtwesen 177
Das totale Wissen 179
Gotteserfahrungen 182

11. Kapitel
Die Bedeutung der NTE für den Sterbeprozess 190

Sterben als spirituelles Erleben 190
Die Angst vor dem Sterben 191
Der einsetzende Sterbeprozess 193
Die Konfrontation mit den nicht gelösten Dingen 195
Die Visionen Sterbender 197
Du darfst jetzt gehen! 200
Die Ablösung der Elemente 201
Der Augenblick des Todes 204

12. Kapitel
Die Bedeutung der Nahtoderfahrung für unsere
Gesellschaft 205

Würdiges und unwürdiges Sterben 205
Die Rechte Sterbender 208

Dank 211

Anmerkungen 212

Literatur 218

Kontakt 221

Einleitung

Seit nunmehr über dreißig Jahren habe ich mich mit dem Thema Sterben und Tod, mit den Nahtoderfahrungen und den spontanen Kontakten mit Verstorbenen beschäftigt.
Ausgelöst wurde dieses Interesse 1977 durch das Buch von Raymond Moody »Das Leben nach dem Tod«. Es war die erste wesentliche Studie über Todesnähe-Erlebnisse in der Neuzeit und begründete die heutige Sterbeforschung. Moodys Buch inspirierte Forscher weltweit, auf wissenschaftlicher Basis den Bewusstseinszustand von Sterbenden zu untersuchen. Die Nahtoderfahrungen zeigen auf, dass der Mensch ein geistiges Wesen ist und dass es beim Sterben um ein zutiefst spirituelles Geschehen geht.
Gleichzeitig entwickelte Elisabeth Kübler-Rosss tiefe Einsichten in den Sterbeprozess des Menschen, indem sie ihre Beobachtungen an Sterbebetten publizierte. Sie wagte es, mit Sterbenden über deren Gefühle zu sprechen, und fand heraus, dass die Patienten wussten, dass sie nur noch kurze Zeit zu leben hatten. Wir werden ihr in diesem Buch noch wiederbegegnen, da sie das Sterben aus dem Verborgenen in die Öffentlichkeit gebracht hat. In den frühen Achtzigerjahren gab es mehrere Fernsehsendungen mit der Schweizer Forscherin, in denen sie mit den herkömmlichen Vorstellungen über das Sterben brach. Für mich waren das unvergessliche und prägende Augenblicke, die mein Weltbild für immer veränderten. Noch heute bin ich dankbar, diese großartige Frau kennengelernt zu haben. Sie schrieb das Vorwort zu meinem ersten Buch »Auch du lebst ewig«, und im Jahr 2000 verbrachte ich eine Woche in ihrem Haus in Scotsdale, Arizona. Wir führten

sehr intensive Gespräche, und diese Interviews wurden damals in mehreren Zeitschriften publiziert.
1986 erkrankte meine Mutter, Hildegard Jakoby, an Krebs. In einem ersten Eingriff wurden ihr der ganze Magen, Teile der Speiseröhre, die Galle und das komplette Bauchnetz entfernt. Damals dachte ich, dass man das gar nicht überleben kann. In den zwei folgenden Jahren entstand der Eindruck, dass sie ihre Krankheit überleben würde. Dann kehrte der Krebs mit Macht zurück: Sie musste sich gleich mehreren Operationen hintereinander unterziehen und mehrere Chemotherapien über sich ergehen lassen. Gleichzeitig erkrankte mein Vater an Darmkrebs, und es gab unendliche Komplikationen.
In den folgenden zwei Jahren war ein Elternteil entweder auf der Intensivstation oder in Chemotherapie in sehr unterschiedlichen Krankenhäusern. Heute kann ich sagen, dass diese Zeit mein Leben verändert hat. Im August 1990 starb mein Vater, meine Mutter folgte ihm im November. Im Augenblick ihres Todes verabschiedete sich meine Mutter bei mir. Ich spürte, wie mir die Tränen in die Augen traten, und spürte gleichzeitig eine Erleichterung und Freude über ihre Befreiung von den unsäglichen Schmerzen. Damals gab es keine Schmerztherapien in dem Umfang, wie wir das heute für selbstverständlich halten. Die Menschen wurden damit allein gelassen.
Dieses Erleben war für mich die Initialzündung, mich mit dem Tod und dem Leben danach auseinanderzusetzen. In den folgenden Jahren leistete ich gleich mehrere Sterbebegleitungen, in die ich per Fügung in meinem direkten Umfeld hineingeriet.
Über den Verlust beider Eltern hinwegzukommen und den Schmerz auszuhalten war kein leichter Weg. Einige Jahre lang glaubte ich, daran zerbrechen zu müssen. Heute weiß ich, dass ich dadurch auf meine große Lebensaufgabe vorbereitet

wurde: das heutige Wissen über den Tod und das Leben danach einem breiten Publikum nahezubringen.
Wir erkennen durch diesen Prozess, dass wir geistige Wesen sind. Es stellt sich die Gewissheit ein, Teil eines großen, göttlichen Ganzen zu sein. Ohne diesen größeren Sinnzusammenhang, in den jeder eingebunden ist, wäre unser Leben sinnlos. Genau das vermitteln die Nahtoderfahrungen, die hier im Folgenden untersucht werden.
Wenn ich dabei des Öfteren den Begriff Gott verwende, ist damit die allumfassende Schöpferkraft hinter allem Sein gemeint. Sie können den Begriff an der Stelle durch das Wort ersetzen, das diese Kraft für Sie symbolisiert. In den letzten Jahren habe ich mit unzähligen Menschen über ihre persönlichen Erlebnisse durch Nahtoderfahrungen und Nachtodkontakte gesprochen. Durch meine Vorträge, Seminare, die vielen Briefe meiner Leser, durch E-Mails und das Forum meiner Website www.sterbeforschung.de findet ein ständiger Austausch mit Betroffenen statt. Alle Fallbeispiele dieses Buchs ohne gesonderte Nennung des Namens entstammen meinem privaten Archiv. Es zeigt sich in all den Berichten, dass bestimmte Erlebnismuster immer wieder auftauchen. Es ist an der Zeit, die Aussagen von Millionen von Menschen über das Leben nach dem Tod für wahrhaftig und absolut authentisch zu akzeptieren.
Eine Fülle an neuen wissenschaftlichen Erkenntnissen über die NTE wurde in den letzten Jahren veröffentlicht. Leider wurden diese Publikationen von einer breiten Öffentlichkeit nicht zur Kenntnis genommen, da wir immer noch die Bedeutung der Nahtoderfahrung für unser Leben verschließen. Der Tod ist nichts, wovor wir uns fürchten müssen. Durch die Auseinandersetzung mit Nahtoderfahrungen können viele Ängste und die Berührungsscheu vor dem Sterben abgebaut werden.
Deshalb möchte ich mit diesem Buch das umfassende Wissen

über die Nahtoderfahrungen, das wir heute haben, zusammenfassend darstellen und es auf diese Weise vielen Menschen zugänglich machen. Wer sich mit Nahtoderfahrungen beschäftigt, verändert nicht nur seine Vorstellungen vom Sterben und vom Tod, sondern vor allem auch seine Vision des eigenen Lebens. Die Erkenntnisse sind jedoch über das Persönliche hinaus auch ein Aufruf an unsere Gesellschaft, das Thema Tod aus der Tabuzone zu holen und den Menschen ein würdiges Sterben zu ermöglichen.

1. Kapitel

Die Merkmale der Nahtoderfahrung

Was ist eine Nahtoderfahrung?

Unter einer Nahtoderfahrung (NTE) verstehen wir die außerkörperlichen Erlebnisse von Menschen während eines klinischen Todes oder tiefer Bewusstlosigkeit, z. B. in der Narkose. Sie treten auf, wenn ein Mensch in Lebensgefahr ist, schwer verletzt wurde oder glaubt, aus irgendeinem Anlass heraus zu sterben. Menschen, die dem biologischen Tod nahe waren, werden als klinisch tot definiert durch einen Herzstillstand und fehlende Atmung, durch Unfälle, Gewaltanwendung oder einen Suizidversuch. Nahtoderfahrungen können auch durch Stresssituationen, extreme psychische Krisen oder Bergabstürze ausgelöst werden. Das wird als psychologische Todesnähe bezeichnet.

Eine Nahtoderfahrung ist immer eine völlig unerwartete Konfrontation mit dem Tod. Sie bewirkt, dass das Bewusstsein des Erlebenden den Körper verlässt und eine andere Dimension des Seins erfährt. Wenn Sauerstoffmangel, Endorphinausschüttungen, Halluzinationen oder Restwahrnehmungen der Sinne ursächlich für eine derartige Erfahrung wären, gäbe es kein geordnetes Erleben.

Unzählige Studien haben nachgewiesen, dass eine Nahtoderfahrung eine authentisch-menschliche Erfahrung ist.

Die wesentlichen Aspekte einer Nahtoderfahrung

Angesichts der Fülle der dokumentierten Todesnähe-Erlebnisse auf der ganzen Welt in den letzten vierzig Jahren lassen sich eindeutige, stets wiederkehrende Merkmale dieses Erlebens nachweisen, unabhängig von den unterschiedlichen Lebensbedingungen oder kulturellen und religiösen Ausprägungen. Wir wissen heute mehr als jemals zuvor, was mit uns geschieht, wenn wir sterben – und das ist wortwörtlich und buchstäblich so gemeint.

1. *Die Kontinuität des Ich-Bewusstseins*

Wenn die Seele als Träger des Erden-Ichs den Körper verlässt, nimmt der Erlebende wahr, dass sein individuelles Ich intakt bleibt. Er spürt, dass er sich in einem völlig anderen Bewusstseinszustand befindet, der ihm so vorher nicht zugänglich war, und erfährt eine andere Dimension des Seins. Dabei ist sich der Erlebende seiner selbst bewusst. Daraus resultieren die jeweils subjektiven Wahrnehmungen einer Nahtoderfahrung, die ohne ein intaktes Ich-Bewusstsein gar nicht möglich wären, denn das Ich ist der Filter jeder Wahrnehmung. Die Betroffenen wissen dann, dass sie offensichtlich gestorben sind. Dennoch fühlen sie sich lebendiger als jemals zuvor.

»Während der ganzen Erfahrung fühlte ich mich bewusster und lebendiger als jemals zuvor in meinem irdischen Leben, obwohl der physische Körper abgestreift war. Am meisten erstaunte mich, dass ich mich außerhalb meines Körpers befand, aber gleichzeitig alle Ereignisse um meinen Körper herum aus meinem gewohnten Ich heraus wahrgenommen habe. Das war für mich damals ein unerklärlicher Bewusstseinszustand, aber seit diesem Erlebnis weiß ich, dass Bewusstsein nie endet.«

2. Frieden und Schmerzfreiheit

Sobald der irdische Körper zurückgelassen wird, endet jeder vorher noch so starke physische Schmerz. Die empfundenen Schmerzen sind aufgelöst und Ruhe, Frieden, Wärme und Geborgenheit erfüllen den Geist des Erlebenden.

»Schmerzen und die Angst, sterben zu müssen, waren außerhalb des Körpers sofort vergessen. Ich war eingehüllt in eine allumfassende Liebe und von Ruhe und tiefem Frieden erfüllt. Es war ein Hochgefühl von Glück und Leichtigkeit und Freiheit.«

Josef erlebte während eines schweren Asthmaanfalls, bei dem er fast erstickte, eine NTE. Er beschrieb sein außerkörperliches Erleben mit folgenden Worten:

»Die Stille überwältigte mich und beruhigte meine Gedanken. Ich hatte keine Angst mehr. Es war unglaublich ruhig, und ich bemerkte, dass ich noch da war. Es dämmerte mir, dass ich wohl gestorben war. Kein Laut war vernehmbar. Es war die friedlichste Stille, die ich je erlebte.«[1]

Dieses Erlebnis war für Josef keineswegs beunruhigend, sondern er konnte diesen Frieden in sein Leben mit zurücknehmen. Seitdem war er nicht länger hektisch oder ungeduldig. Immer, wenn er an sein Erleben dachte, fühlte er tiefen Frieden.

3. Die außerkörperliche Erfahrung

Dieser wohl wichtigste Aspekt der Nahtoderfahrung konfrontiert die Erlebenden mit der faszinierenden Tatsache, dass Bewusstsein außerhalb des menschlichen Körpers existiert. Zu einem Zeitpunkt, wo das Herz stillsteht und kein Atem mehr vorhanden ist, zeigt das EEG eine Nulllinie. Medizi-

nisch gesehen kann ein Mensch zum Zeitpunkt seines klinischen Todes keinerlei bewusste Wahrnehmung mehr haben, da er weder über ein intaktes, vom Gehirn gesteuertes Bewusstsein verfügen kann, und schon gar nicht über irgendeine Form von Ich- oder Selbstbewusstsein. Das Phänomen der außerkörperlichen Erfahrung ist von der Sterbeforschung millionenfach verifiziert worden.
Es beweist, dass durch das Verlassen des Körpers, was von manchen Forschern als Entkörperlichung bezeichnet wird, die Betroffenen Dinge wahrnehmen – oft Tausende Kilometer vom Ort des klinischen Todes entfernt –, die sie weder von der Lage ihres Körpers noch sonst wie wahrnehmen oder wissen können.
Wenn sich das menschliche Bewusstsein von seinem physischen Körper getrennt hat, sind augenblicklich Raum und Zeit aufgehoben. Das wird häufig als Gleichzeitigkeit allen Erlebens erfahren. Ein Betroffener berichtete:

»Plötzlich befand ich mich außerhalb meines Körpers und sah die Rettungskräfte, die sich um mein Leben bemühten. Ich aber schwebte bis zum Himmel, dachte dann an meine Tochter und befand mich unmittelbar in ihrer Gegenwart. Sie lebte damals 500 km von meinem Wohnort entfernt. Ich beobachtete, wie sie in der Cafeteria mit ihren Kollegen zusammensaß und ein Stück Schwarzwälder Kirschtorte aß. Sie trug einen rosafarbenen Kaschmirpulli und eine grau-weiß gepunktete Hose. All das geschah in dem Augenblick, als ich an der Unfallstelle reanimiert wurde. Sie können sich vielleicht das Erstaunen meiner Tochter vorstellen, als ich sie einige Tage später anrief und sie all meine Beobachtungen bestätigte.«

Die Betroffenen können sich in Gedankenschnelle überall hinbewegen, sich bei Personen oder an Orten, an die sie denken, aufhalten. Später können die Erlebenden konkret be-

schreiben, was sie dort zum Zeitpunkt ihres klinischen Todes gesehen und erlebt haben. Bestechend ist die absolute Realität des Erlebten, die in Hunderten von Studien beschrieben worden ist.
Bewusstsein ist unabhängig vom Körper und sinnliche Wahrnehmung also offensichtlich ohne physische Sinne möglich! Ich möchte an dieser Stelle zwei dafür typische Beispiele aufzeigen:

»Vorbei die Angst. Und plötzlich stand ich hinter den Ärzten und sah auf meinen Körper. Ich trieb dann von ihnen weg auf ein helles Licht zu und schwebte plötzlich doch über mir und jener weißen Menschengruppe, die sich da über den Menschen beugte, von dem ich wusste, dass ich etwas mit ihm gemeinsam hatte: Jener Körper war mein Mantel, den ich aber nicht mehr brauchte. Es gab dann einen Moment tiefster innerer Ruhe. Ich war losgelöst von jenem Teil von mir, der da unten lag.«[2]

Das folgende Beispiel wurde von einem Mann berichtet, der zum Zeitpunkt seiner Nahtoderfahrung erst zehn Jahre alt war. Es verweist auf die Leichtigkeit einer derartigen Bewusstseinserweiterung, wenn jegliche Angst vergessen wird.

»Mit zehn Jahren fiel ich vom Pferd und war mehrere Stunden bewusstlos. Der Arzt meinte, ich würde vielleicht nicht durchkommen, und ich sah ihn dabei, wie er das sagte! Es war schon höchst sonderbar. Ich schien einfach aus meinem Körper rauszuschlüpfen! Ach, einfach wunderbar war das! Es machte mir den größten Spaß, so herumzuschweben und mir alle – und auch mich selbst – anzuschauen! Dann kam eine Dame, von der ein ganz weißes Leuchten ausging. Sie sagte zu mir, dass ich wieder heimgehen müsste, aber eines Tages zurückkommen würde.«[3]

4. *Der Übergang in die jenseitige Welt durch den Tunnel*
Während die Erlebnisse bei der außerkörperlichen Erfahrung sich noch im physischen Bereich ereignen, erleben die Betroffenen beim Übergang durch den Tunnel eine zusätzliche Erweiterung ihrer Wahrnehmungsfähigkeit. Das Ich-Bewusstsein dehnt sich dergestalt aus, dass nun übersinnliche Dinge der geistigen Welt geschaut werden können.
Die Seele löst sich immer stärker vom Körper, wodurch sämtliche Sinnesempfindungen intensiviert werden. Wir hören, sehen, riechen, schmecken, was sich allerdings nicht in unserem Körper ereignet, sondern wir erleben diese Empfindungen in der Gleichzeitigkeit allen Geschehens und der umfassenden Bewusstseinserweiterung in die jenseitigen Ebenen. Die Seelentrennung wird durch die Tunnelerfahrung in ein fast körperliches Empfinden übersetzt, das sich als Fallen, Aufsteigen, Schweben oder Fliegen ausdrückt. Derartige Empfindungen werden auch in den bekannten Fall- und Schwebeträumen während des Schlafens erlebt. Der Tunneleffekt kommt durch die Geschwindigkeit der Fortbewegung in der Dunkelheit zustande. Dabei kann das Tempo und die Dauer des Gleitens nicht beeinflusst werden.
Margot Grey ist eine sehr bekannte englische Sterbeforscherin. Sie erlebte selbst eine Nahtoderfahrung und beschreibt eben diesen Tunneleffekt:

»Dann wurde alles dunkel. Es war, als erwachte man im Weltraum in vollkommener Finsternis. Als Nächstes bemerkte ich eine Bewegung. Als es schneller und schneller ging, nahm die Leere die Form eines Tunnels an, wie die Innenseite eines Tornados. Die Breite des Tunnels hätte tausend Meilen sein können, man hat das Gefühl, in die Unendlichkeit zu driften. Du hast das Gefühl des freien Falls, doch fällst du nicht wirklich, es ist eher eine Vorwärtsbewegung.«[4]

Der Tunnel ist ein Symbol des Übergangs von dieser in die jenseitige Welt, was mitunter als Dunkelheit, Leere, der Durchquerung eines Raumes und Ähnlichem beschrieben wird. Eine Frau berichtete mir in einem persönlichen Gespräch:

»Ich hatte meinen Körper verlassen und schwebte oberhalb von ihm, als es mich durch einen heftigen Sog rasend schnell in einen Tunnel zog. Zunächst war ich von absoluter Todesfurcht erfüllt, doch plötzlich blitzte ein Licht in der Ferne auf. Ich fühlte mich schwerelos und frei, und es zog mich magisch zu dem größer werdenden wunderbaren Licht.«

5. *Die Begegnung mit dem Licht*
Das Licht ist ein Hauptelement einer Nahtoderfahrung. Jeder, der dieses jenseitige Licht erblickt hat, verändert sich in seiner Persönlichkeit. Ein Mann beschreibt das so:

»Gleichzeitig sah ich eine Flut von hellem, warmem Licht. Es kam nicht aus einer bestimmten Richtung, warf auch keine Schatten, viel mehr füllte es den ganzen Raum wie eine überwältigend strahlende, goldene Flüssigkeit. Alles, was ich sah, hatte eine kristalline, überaus strahlende Qualität.«[5]

Die Erinnerung an dieses unbeschreibliche Leuchten spendet noch viele Jahre später Trost und löst eindeutig überwältigende, positive Empfindungen aus. Es verbindet in der jenseitigen Welt alles mit allem. Ein Mann berichtete mir:

»Ich ging sofort in dieses wundervolle strahlende Licht. Ich war von Liebe, Frieden und Wärme eingehüllt. Das Licht war in mir und dadurch wurde ich selbst zum Licht. Es ist ein Teil von mir. Das war für mich die Begegnung mit der Ewigkeit. Das Licht durchdrang alles. Für mich war es die Essenz des Seins.«

Das Gefühl der geistigen Erneuerung, der Reinigung durch die Liebe, die in dem Licht erfahren wird, bewirkt eine Transformation der Persönlichkeitsstruktur.

6. *Die Lebensrückschau*
Die Lebensrückschau konfrontiert uns mit dem tieferen Sinn unseres Lebens. Die Betroffenen erfahren, dass sie für das, was sie im Leben getan haben, selbst verantwortlich sind, und befinden sich dabei voll und ganz in den jeweiligen Szenen, als ob das ganze Leben noch einmal erlebt wird.
Neev berichtet:

»Heute sehe ich mir das Ganze an, und ich sehe die Lebensrückschau als mein Leben! Physisch war ich zwar nicht hier, aber es fühlte sich an, als würde ich mein gesamtes Leben noch einmal durchleben. Ich hatte das Gefühl, alles noch einmal durchzumachen, und ich tat alles auf genau dieselbe Art und Weise, aber ich verstand es anders.«[6]

Wir sind sozusagen gleichzeitig Teilnehmer und Beobachter des eigenen Lebens, da wir jetzt nicht nur aus der Perspektive, wie wir selbst bestimmte Situationen erlebt haben und mit uns selbst konfrontiert sind, sondern auch mit den Auswirkungen unserer Gedanken, Worte und Taten auf andere Menschen. Durch diese doppelte Perspektive der Lebensrückschau sind wir distanzierte Beobachter und gleichzeitig emotional beteiligt.
Neev beschreibt das folgendermaßen:

»Also, wenn wir eine Lebensrückschau hätten und wir würden sie als Stück spielen, dann wäre ich in dem Stück und gleichzeitig würde ich es als Zuschauer beobachten. Und ich würde alle Emotionen fühlen, jeden Schmerz und jedes Leid von allen Figuren in dem Stück. Und ich würde das als Schauspieler in dem Stück spüren und genauso als Zuschauer. Ich hätte also beide Perspektiven.«[7]

Diese ganzheitliche Sicht der Dinge ist nur möglich, wenn tatsächlich alle Gedanken, Worte und Taten jedes Individuums in Energiefeldern der geistigen Welt gespeichert sind. Wir haben gleichzeitig Zugang zum Bewusstsein Lebender und Verstorbener. Da ist kein äußerer Richter. Der einzige Maßstab, wenn wir uns selbst ungeschminkt ins Gesicht schauen, ist die Frage, ob wir mit offenem Herzen gelebt haben.

»Ich besaß ein totales, klares Wissen über alles, was je in meinem Leben passiert war. Ich erkannte, dass jeder Mensch auf die Erde geschickt wird, um bestimmte Dinge zu erkennen und zu lernen. Zum Beispiel, mehr Liebe zu geben, anderen gegenüber liebevoller zu sein. Zu erkennen, dass das Wichtigste die menschlichen Beziehungen sind und Liebe und nicht materielle Dinge. Und zu erkennen, dass jede Kleinigkeit, die man im Leben tut, festgehalten wird und später einmal wieder zum Vorschein kommt.«[8]

Die Lebensrückschau ist ein Prozess höchster Selbsterkenntnis, wobei niemand verurteilt oder gar verdammt wird. Alles, was wir in unserem irdischen Leben denken, sagen oder tun, ist in Bewusstseinsfeldern in der geistigen Welt energetisch gespeichert. Anders wäre diese radikale Gesamtschau gar nicht möglich.

7. Die Rückkehr in den Körper
Wir wissen deshalb so viel über das Erleben einer Nahtoderfahrung, da die betroffenen Personen ins Leben zurückgekehrt sind und uns über ihre Erlebnisse berichten konnten.

Viele berichten, dass sie während ihres Erlebens an eine Grenze oder Schranke kamen und ihnen gesagt wurde, dass sie in ihren Körper zurückkehren müssten. Das wird häufig durch ein symbolisches Bild ausgedrückt wie beispielsweise durch einen Zaun, eine Wand, Nebel, einen Fluss etc.
Eine Frau erzählte dem Sterbeforscher Dr. Raymond Moody, dass sie auf einem kleinen Schiff auf ein fernes Ufer zusegelte, an dem alle ihre verstorbenen Verwandten standen und sie heranwinkten. Sie war jedoch noch nicht bereit zu sterben. Das Schiff kehrte um, und sie kehrte ins Leben zurück.
Die Entscheidung, ins Leben zurückzukehren, wird von den Betroffenen entweder selbst gefällt (Projekte müssen vollendet werden, Kinder versorgt werden), oder das Lichtwesen verfügt die Rückkehr, da die Zeit zu gehen noch nicht gekommen ist. Im folgenden Beispiel wehrt sich ein Mann dagegen, zurückgehen zu müssen.

»Ich bat und bettelte, doch bleiben zu dürfen. Der Gedanke, wieder in einen Körper gestopft zu sein, war unendlich deprimierend, abschreckend. Doch der Engel schien schon zu verschwinden und sagte: ›Sharon braucht dich!‹ In dem Moment erkannte ich, dass ich eine Verantwortung hatte. Sharon ist meine Frau. Sie leidet an Multipler Sklerose. Sobald ich das erkannte, war ich wieder in meinem Körper und kämpfte um mein Leben.«[9]

Es wird immer wieder betont, dass viele äußerst ungern auf die Erde zurückgekehrt sind. Dennoch wissen sie, dass sie hier noch eine Aufgabe zu erfüllen haben. Nahtoderfahrungen sind Teil eines universellen Geschehens, die uns darauf aufmerksam machen, dass wir in einen göttlichen Plan eingebunden sind. Deswegen ist eine Nahtoderfahrung immer ein Wendepunkt im Leben eines Menschen.

8. Persönlichkeitsveränderungen

Eine Nahtoderfahrung hat Auswirkungen auf das gesamte weitere Leben. Alle Wertigkeiten verändern sich, auch die Persönlichkeit des Erlebenden. Im Laufe der Zeit erfolgt eine Neuorientierung und ein langfristiger Transformationsprozess setzt ein.

Der Betroffene weiß nun, dass der Tod nicht existiert. Dadurch verliert er die Angst davor und das Leben im Hier und Jetzt erfährt einen tiefen Sinnzuwachs. Die Ehrfurcht vor allem Lebendigen nimmt zu.

Bei vielen Betroffenen intensivieren sich die Gefühle bedingungsloser Liebe, was zu einer enormen Veränderung im Umgang mit den Mitmenschen führt. Selbstvertrauen und ein größeres Selbstwertgefühl sind das Ergebnis in das Eingebundensein in den göttlichen Sinnzusammenhang, der sich durch eine Nahtoderfahrung grundsätzlich erhellt. Wie beeindruckend ein solches Erleben ist, wird aus den folgenden Zitaten ersichtlich:

»Dieses Erlebnis hat mich noch lange beschäftigt und mir einen tiefen Glauben und auch das Bewusstsein gegeben, dass man das Sterben selbst nicht fürchten muss!«

»Ich bin zurück mit neuem Bewusstsein, mit neuer Verantwortung, mit noch mehr Liebe vor allen Dingen. Ich komme mir ein wenig außerirdisch vor, aber irgendwie ist man das ja auch. Werde ich leben können in diesem neuen Leben, halten können meine Versprechen, die Liebe leben zu können?«[10]

Forscher fanden heraus, dass als häufige Folge einer Nahtoderfahrung eine Verstärkung übersinnlicher Fähigkeiten eintritt. Dazu gehören Hellsichtigkeit, Medialität oder Wahrträume. Heilungspotenziale werden geöffnet, andere spüren die Gegenwart eines Geistführers oder treten in Kontakt mit ihm. Das bewirkt eine Suche nach geistigem Wissen. Starre religiöse Dogmen und Glaubensvorstellungen werden überwunden und heben sich auf in eine offene spirituelle Suche.

Was ist Todesnähe?

Durch die extrem verfeinerten Möglichkeiten der Reanimation konnten in den letzten Jahren ungewöhnlich viele Menschen aus den Randzonen des Todes zurückgeholt werden. Dadurch wurden viele Ärzte Zeuge davon, dass die Nahtoderfahrungen bemerkenswerte Übereinstimmungen aufweisen. Viele Mediziner mussten erkennen, dass es sich dabei um kein isoliertes oder seltenes Phänomen handelt.

Für Betroffene ist ein Todesnähe-Erlebnis die lebhafteste und einflussreichste Erfahrung ihres Lebens mit gravierenden Auswirkungen auf ihre Persönlichkeit.

Das Gehirn von Menschen, die klinisch tot gewesen sind, weist für diesen Zeitraum keinerlei Aktivität mehr auf. Medizinisch gesehen verfügen die Betroffenen weder über Bewusstsein noch über Selbstbewusstsein. Trotzdem sind sie in der Lage zu hören, zu sehen, wahrzunehmen – und alles viel intensiver als sonst. Ein klinisch toter Mensch kann sich in einen anderen Raum oder ein anderes Gebäude begeben oder sich in Gedankenschnelle Tausende von Kilometern dort aufhalten, woran er gerade denkt. Wie ist das möglich?

Wie definieren wir Todesnähe, wenn wir aus allen bisherigen medizinischen Forschungen über die Nahtoderfahrung wissen, dass durchschnittlich nur etwa achtzehn Prozent aller Personen, die klinisch tot gewesen sind, sich an ein Erleben während dieser Phase erinnern können?

Dieses Mysterium ist leicht zu erklären: Der Mensch hat keine Kontrolle über das Phänomen der Todesnähe, und sie ist in keinem Fall messbar. Wann genau sich eine Seele aus ihrem

Körper erhebt und die Todeslinie überschreitet, bleibt unbekannt und den Wissenschaftlern nicht zugänglich.

Andererseits mag eine spontan im Alltag erlebte Nahtoderfahrung bei vielen mit Abwehr gegen das Erleben verbunden sein, da der neue Bewusstseinszustand nicht eingeordnet werden kann und die Betroffenen Angst entwickeln. Diesen Zwiespalt schildert Mary:

»Ich sah etwas, was wie ein Regenbogen aussah, und ich fühlte mich wie in der Gegenwart Gottes. Ich fühlte sowohl Angst als auch Liebe. Angst, denke ich, vor dem Unbekannten und Liebe für das Licht, die Freiheit und die Gegenwart, die ich erlebte. Einen Moment schien ich zu fühlen, was es bedeuten würde, wie Gott zu sein.«[11]

Aus der Beobachtung der Sterbeprozesse wissen wir, dass häufig eine Gegenwehr gegen den nahen Tod erfolgt. Der Sterbende muss zu einer Akzeptanz seines Sterbens gelangen, damit er in Frieden gehen kann. Ebenso verhält es sich während einer Nahtoderfahrung: Wer nicht bereit ist, die Kontrolle über sich aufzugeben und sich in das Erleben fallen lassen kann, verhindert durch die Angst vor dem Unbekannten, die Entfaltung der klassischen Stationen der Jenseitsreise. Ebenso hinderlich für den Übertritt der Seele über die Todesschwelle ist die Sedierung und Medikalisierung Schwerstverletzter. Dadurch wird nicht nur das Kurzzeitgedächtnis ausgelöscht, sondern die Ablösung der Seele vom Körper blockiert. Derartige Eingriffe in den Sterbeprozess werden verstärkt durch extrem aufwendige Reanimationsprozeduren und den Einsatz technischer Apparaturen. Wir können keine genaue Aussage darüber machen, wann sich ein Mensch tatsächlich in Todesnähe befindet und zu welchem Zeitpunkt die Grenze zwischen Leben und Tod endgültig überschritten wird.

Es wird immer wieder die Frage aufgeworfen, ob es nicht möglich sei, derartige Visionen künstlich herzustellen. Der bereits erwähnte Dr. Raymond Moody, der Pionier der Nahtodforschung, deutete 2001 in einem Vorwort zu einer Neuauflage seiner legendären Studie »Das Leben nach dem Tod« an, dass er Möglichkeiten entdeckt hätte, wie Menschen gefahrlos eine Reise ins Jenseits unternehmen könnten. Er sprach von speziellen Meditationstechniken, mit denen sich diese Erlebnisse von Todesnähe induzieren ließen. Leider blieb es bei diesen Andeutungen, da ein menschliches Experiment mit Todesnähe wohl doch zu gefährlich ist.
1991 verursachte der Film »Flatliners« mit Julia Roberts und Kiefer Sutherland ähnliche Spekulationen. In diesem Film führt eine Gruppe Medizinstudenten künstliche Nahtoderfahrungen herbei, um wissenschaftliche Erkenntnisse zu erzielen. Ihre Experimente lassen ihr Leben schon bald zum Albtraum werden, da sie buchstäblich mit dem Tod spielen. Zunächst wird nach dem Wiedererwachen davon berichtet, dass sie über schöne Landschaften geflogen seien oder den Ort ihrer Kindheit aufgesucht hätten. Dann jedoch beginnen einige an den Auswirkungen der Lebensrückschau zu leiden. Sie geraten in albtraumhafte Situationen und werden mit eigenen dunklen Aspekten konfrontiert. Schließlich geraten sie in eine Zwischenwelt, und einige erleben Verfolgungen sowohl in der geistigen als auch in der materiellen Welt, da sie auf der Grenze zwischen Leben und Tod feststecken.
Die Möglichkeit, dass derartige Experimente, um mehr Wissen über die andere Welt zu erlangen, tatsächlich unternommen worden sind, ist sehr naheliegend. Das Problem bleibt jedoch, dass Todesnähe nicht messbar ist und somit eine Gefahr für das Leben der Personen besteht, die sich für derartige Versuche zur Verfügung stellen.

Verbreitung von Todesnähe-Erlebnissen

Hubert Knoblauch veröffentlichte 1999 eine Studie über die Struktur und Verbreitung von NTEs im deutschsprachigen Raum. Es handelte sich um ein mehrjähriges Forschungsprojekt der Universität Konstanz und dem Freiburger Institut für Parapsychologie. Bezogen auf die Gesamtbevölkerung wiesen damals etwa 3,5 Millionen Bundesbürger Nahtoderfahrungen auf.[12]
Bei den vorliegenden Zahlen und statistischen Erhebungen über die generelle Verbreitung von Todesnähe-Erlebnissen wird verkannt, dass es eine Dunkelziffer gibt von Menschen, die nicht bereit sind, mit anderen darüber zu sprechen, zumal durch die Verfeinerung der Reanimationsmöglichkeiten in den letzten Jahren immer mehr Menschen aus den Randzonen des Todes zurückgeholt werden konnten. Wir können gegenwärtig davon ausgehen, dass mindestens vier Millionen Menschen in Deutschland derartige Erlebnisse gehabt haben. Das sind immerhin fünf Prozent der Bevölkerung. Diese Prozentzahl wurde für andere Länder in unzähligen Studien auf der ganzen Welt belegt.
Die Praxis meiner Vorträge und Seminare offenbart immer wieder, dass viele Menschen erst in einem geschützten Rahmen bereit sind, über ihr Erleben Auskunft zu geben oder durch den Mut anderer motiviert werden, über eigene Erfahrungen zu berichten. Aus den vielen beiläufigen Gesprächen mit Betroffenen nach einem Vortrag oder durch eine Frage, die gestellt wird, erwächst der Eindruck, dass Sterbeerlebnisse viel weiter verbreitet sind, als das allgemein angenommen wird.
Da spricht eine Mutter von der Geburt ihres Sohnes, bei der sie sich an der Decke schwebend über den Vorgängen im Krankenhaus wahrgenommen hat. Ein anderer Mann bedankt sich, dass er durch den Vortrag endlich verstanden

habe, dass er während einer Notoperation tatsächlich seinen Lebensfilm und das Licht gesehen hat. Er hatte sich nie mit dem Phänomen der Nahtoderfahrung auseinandergesetzt und konnte sein Erleben nicht einordnen.

Es sollte nicht außer Acht gelassen werden, dass ein hoher Prozentsatz von Menschen innerhalb der ersten zwei Jahre nach einer Nahtoderfahrung stirbt. In der sehr bekannten Studie des holländischen Kardiologen Pim van Lommel, der ersten prospektiven Studie in Europa, erlebten insgesamt von 344 befragten Patienten 62 eine NTE. Von diesen waren nach zwei Jahren 19 Personen verstorben und nach acht Jahren weitere elf Personen. Daraus lässt sich der Schluss ziehen, dass Nahtoderfahrungen auch eine Vorbereitung auf einen bevorstehenden Tod sein können, um die Ängste vor dem Sterben abzubauen.

2. Kapitel

Das Sterbeerlebnis in der Weltgeschichte

Sterben als universelles Erlebnis

Das Wissen von den inneren feinstofflichen Vorgängen beim Sterben des Menschen zieht sich wie ein roter Faden durch die gesamte Weltgeschichte. Sterben ist ein universelles Geschehen, das unabhängig von Kulturen oder Religionen auf der ganzen Welt ähnlich erlebt wird. Das lässt die Aussage zu, dass der Mensch mit diesem inneren Wissen geboren wird und es vermutlich in den Genen gespeichert ist.

Wenn sich ein Individuum auf eine Reise in seine eigene Innenwelt begibt, wird es in seinem tiefsten Inneren nicht nur sein schöpferisches Potenzial entdecken, sondern auch ein Urwissen seiner ewigen Existenz und Bestimmung. In der lebenslangen Auseinandersetzung mit diesem Wissen wird der Mensch zu der Erkenntnis gelangen, dass er von seiner Natur her ein geistiges Wesen ist. Der Mensch braucht vor dem Tod keine Angst zu haben, da das Fortleben nach dem Tod eine Realität ist.

Leider wird in unserer stark rationalen und wissenschaftlich geprägten Zeit Sterben und Tod aus dem Leben ausgegrenzt und somit die Auseinandersetzung damit verdrängt. Trauernde werden isoliert aus einer grundsätzlichen Berührungsscheu und Hilflosigkeit dem Tod gegenüber. Das materialistische Weltbild verneint sogar die Existenz nach dem Tod, obwohl das Wissen darüber in der Geschichte immer schon vorhanden war.

Viele ernsthafte Wissenschaftler beginnen gerade damit, sich dieses verloren gegangene Wissen über das Sterben und das

Leben danach wieder anzueignen. Da die Widerstände erheblich sind, ist das ein langwieriger und zäher Prozess. Die vielen zeitgenössischen Nahtoderfahrungen oder die Nachtodkontakte machen uns auf die ewigen Gesetze des Lebens und des Übergangs in eine andere Welt aufmerksam. Doch durch alle Zeiten und Religionen wurden Sterbeerlebnisse und Vorstellungen von einem Leben nach dem Tod weitergegeben. Sie dokumentieren etwas, was wir uns heute wieder mühevoll anzueignen versuchen. Deshalb lohnt es sich, diese Überlieferungen in unserem Kontext genau zu betrachten.

Vorzeitmensch und Schamanismus

Bei der Untersuchung von Jenseitskonzepten des Vorzeitmenschen sind wir auf archäologische Funde angewiesen. Diese Quellen sind reich an Hinweisen, dass bereits der Vorzeitmensch an ein Weiterleben nach dem Tod glaubte. Schon der frühe Mensch ging von der Vorstellung einer ihm innewohnenden, nicht materiellen Seelengestalt aus. Darauf deuten die erhalten gebliebenen Felszeichnungen oder die Grabbeigaben hin. Die Annahme einer Seele wurde durch die Schädelpenetrationen der Naturvölker ausgedrückt. Schon zu Lebzeiten wurden künstliche Öffnungen des Schädelknochens vorgenommen als Durchgang für die Seele, deren Sitz mit dem Kopf in Verbindung gebracht wurde. Die Idee einer aus dem Körper fortziehenden Seele setzte sich im Schamanismus fort.

Galten zunächst Körper und Seele als untrennbare Einheit, bewirkte die Entwicklung der Bestattungsriten die Vorstellung einer eigenständigen Seele, die unabhängig vom Körper existiert. Der Schamanismus, wie er sich nach der letzten Eiszeit vor ungefähr zehntausend Jahren herausbildete, war durch die enge Verbindung der Priester oder Medizinmänner

mit der Geisterwelt gekennzeichnet. Dabei galt die Fähigkeit, den Körper zu verlassen und Kontakt mit den Ahnen aufzunehmen, als Grundlage schamanischer Tätigkeit. Die Grenzen des alltäglichen Bewusstseins hoben sich dadurch auf, und die Seele des Schamanen konnte sich an jedem beliebigen Ort aufhalten. Derartige außerkörperliche Erfahrungen werden bis heute ähnlich beschrieben. Jakob Ozols, Professor für Vor- und Frühgeschichte, fasst die Seelenvorstellungen jener Zeit wie folgt zusammen: »Sie kann mühelos große Entfernungen überwinden und an unbekannte oder nicht mehr zu der diesseitigen Welt gehörende Orte gelangen. Sie ist auch nicht mehr in eine bestimmte Zeit gebunden, und sie kann wie das Vergangene so auch das Zukünftige erleben. Sie kann ferner die Seelengestalten längst verstorbener Menschen treffen, Geistern begegnen und ungewöhnliche Abenteuer bestehen.«[13]
Die Fähigkeit des Schamanen, den Körper willentlich zu verlassen und Reisen in jenseitige Regionen zu unternehmen, macht ihn sowohl zum Heiler als auch zum Mystiker: Ein Schamane begleitet die Seelen der Toten zu ihren neuen Wohnstätten, wie er die wandernde Seele eines Kranken in dessen Körper zurückbringen oder auch ekstatische Einblicke in kosmische Welten erlangen kann.
Die Jenseitsvorstellungen jener Zeit sind in den damaligen Höhlenmalereien überliefert. Sie belegen, dass der prähistorische Mensch bereits zwischen Himmel und Hölle oder Gut und Böse unterscheiden konnte und dass er an ein Wiedersehen mit den Verstorbenen glaubte. Besonders bemerkenswert ist die Darstellung des alles durchdringenden Lichtes in den Malereien.
Der frühgeschichtliche Schamanismus mit seinen praktizierten, grenzüberschreitenden Ritualen und seinem ausgeprägten Ahnenkult ist ein früher Ausdruck bewusstseinserweiternder Erfahrungen, wie sie bis heute in den Nahtod-

erfahrungen spontan erlebt werden. Die medialen Fähigkeiten des Medizinmannes beinhalten das universelle Geschehen beim Sterben. Manche Forscher vermuten, dass transzendente Erlebnisse für die Auswahl der Höhlen als Ort jenseitsorientierter Malereien ausschlaggebend war. Roger Walsh, ein bekannter Schamanismusexperte, nimmt sogar an, dass spontane Nahtoderfahrungen, außerkörperliche Erlebnisse oder luzide Träume, die bewusst eingegangenen schamanischen Reisen inspiriert haben. Er schreibt dazu: »Solche Erfahrungen haben sich in der gesamten menschlichen Geschichte ereignet. Als solche dienten sie der Inspiration für bewusst eingeleitete Erfahrungen, zunächst im Schamanismus, dann in religiösen Traditionen und gegenwärtig in der Psychotherapie.«[14]

Zusammenfassend lässt sich sagen, dass schon die Naturvölker die Gewissheit eines Lebens nach dem Tod hatten, ebenso wie die jenseitige Welt positiv beschrieben wurde. Dennoch glaubten sie gleichzeitig an ein schattenhaftes Totenreich, in dem die Ahnen geisterhaft existieren.

Im *Gilgamesch-Epos*, der ältesten überlieferten Erzählung der Weltliteratur (circa 2500 vor Christus), versucht der Held, Unsterblichkeit zu erlangen. Nach dem Tod seines Freundes Enkidu versucht Gilgamesch, ins Totenreich einzudringen. Skorpionmenschen hüten das Tor zur Sonne, doch sie lassen ihn passieren. Gilgamesch durchquert einen dunklen Tunnel, an dessen Ende ein Licht erblickt wird. Die Beschreibung des Überganges in die andere Welt jenseits des Todes liest sich wie eine heutige Nahtoderfahrung: »... doch am Ende dieser Stunde stand ich auf einmal draußen vor dem Schacht, und da war die Sonne. Ich stand in ihr und war blind – in den Höhlen brannten die Augen wie flüssiges Feuer.

Unter mir sah ich den Berg, sich brechen das Licht, sich aufspaltend in Farben hinter all dem Weiß. Flächen ineinander verworfen schiefrig, ein Blinken wie von Eis, widergespiegelt im Stein, Alabaster milchig durchzogen, der von Achaten zu schimmern und zu glimmen begann.«[15]

Gilgamesch ist von der Schönheit der anderen Welt wie geblendet und will nicht wieder auf die Erde zurück. Dies ist ein durchgängiges Motiv auch in den Nahtoderfahrungen, da die meisten Erlebenden nur widerwillig in ihren Körper zurückkehren. Der »Sonnengott« verfügt, dass Gilgamesch weiterleben soll.

Das alte Ägypten

Die alten Ägypter glaubten, dass jegliche Niederlegung des heiligen Wissens einer Entweihung des Göttlichen gleichkäme. Deswegen ist das *Ägyptische Totenbuch* ursprünglich nur mündlich überliefert worden. Erst um 2000 v. Christus verbreitete sich der Brauch, magische Inschriften auf Sarg- und an Grabwänden anzubringen. Später wurden sie auf Papyrusrollen geschrieben, die dem Toten ins Sarginnere gelegt wurden. Diese Schriften wurden 1842 erstmals als *Ägyptisches Totenbuch* veröffentlicht.

Die alten Ägypter wussten von der Polarität des Daseins zwischen Himmel und Erde, Werden und Vergehen, die sich in einer riesigen kosmischen Waage das Gleichgewicht halten. Ihre Götterwelt sind Glieder eines einzigen großen Ganzen, als Teil von Ra, dem schöpferischen Prinzip des Universums, dem Ureinen, das sich aus sich selbst erschafft.

In der Legende des Osiris, des kosmischen Gottmenschen, stirbt dieser auf der Erde als Gott des Vergänglichen, um als Herr des unveränderlichen ewigen Reiches der unsterblichen Seelen wiedergeboren zu werden.

Das Sterbeerlebnis lässt sich anhand des *Ägyptischen Totenbuches* wie folgt zusammenfassen: Nach dem Abstreifen des irdischen Körpers überschreitet die Seele die Schwelle ins

Jenseits. Sie ist geblendet vom »vollen Licht des Tages«. Das Kapitel LXV lässt eine Seele zu Wort kommen, die diesen Übergang durchschreitet:
»Seht, wie ich schwebe, den Vögeln des Himmels gleich! Jetzt steig' ich nieder zur Stirne Ras und segele im Frieden auf dem himmlischen Meere sitzend im Sonnenboot.«[16]
Wie in den Nahtoderfahrungen erblickt die Seele zunächst das Licht, hat ihren Frieden gefunden und verschmilzt mit dem schöpferischen Prinzip des Universums Ra. Doch die Seele muss sich selbst erkennen und schaut sich selbst ungeschminkt ins Gesicht. Die Lebensrückschau bleibt keiner Seele erspart und alle Prüfungen sind Ausdruck des Kampfes gegen die eigenen Dämonen. Nach ägyptischem Glauben ist das Gewissen im Herzen symbolisiert, das der eigene Ankläger ist. Alle Unreinheiten der Seele müssen geläutert werden. Deswegen kommt die Seele in ein reinigendes Feuer der Unterwelt, bis sie aus diesem erneuert hervortritt und den Göttern gleich wird. Die Seele ist frei und kann die Sonnenbarke besteigen, das Symbol der Vereinigung der Gegensätze. Sie ist in der Einheit und weiß den wahren Namen Gottes, von dem sie ein ewiger Teil ist.

Das alte Persien

Im alten Persien hatte sich schon früh die Gewissheit einer jenseitigen Welt herausgebildet. Nach Zarathrustras Lehre liegt die Zukunft des Menschen im göttlichen Lichtreich. Hier wird von einem endzeitlichen Kampf gesprochen, einem Strafgericht und der Auferstehung der Seele und des Leibes. Die Vollendung allen Seins mündet in Gott. Dazu heißt es in einem Text des Religionsstifters: »… damit sie das Leben wundervoll machen, nicht alternd, nicht sterbend, nicht verwesend, nicht faulend, ewig lebend, ewig gedeihend, sodass freies Belieben

herrscht. Wenn die Toten wieder auferstehen werden, für die Lebenden Vernichtungslosigkeit kommen wird, dann wird er die Existenz nach seinem Willen erneuern.«[17]
Neben diesen Endzeiterwartungen des Paradieses, die sich durchaus mit christlichen Vorstellungen vergleichen lassen, finden sich in der Tradition Zarathrustras zahlreiche Berichte über außerkörperliche Jenseitserlebnisse.
In einem Bericht des persischen Priesters Viraz befindet sich dieser sieben Tage durch die Einnahme eines Narkotikums in einem Koma. Später berichtet er, was er gesehen hat: »... die Brücke des Separators, wo jede Seele auf ihr Bewusstsein trifft, das Wägen der Taten, ... über die himmlischen Orte der Sterne, des Mondes und der Sonne, ... das strahlende Paradies des ewigen Lebens, ... und die dunklen Höllenverliese, wo die Gottlosen sich in Verzweiflung winden.«[18]

Die Antike

Im antiken Griechenland glaubte man, dass es neben dem sterblichen Körper und einem Geist, der nach dem Tod in den Weltgeist eingeht, auch eine individuelle Seele gäbe. Diese kommt nach dem Ableben in den Hades, der als eine trostlose Schattenwelt verstanden wurde. Die Götter allein treffen die Wahl, wer auserlesen ist, in den Elysischen Gefilden zu weilen. Homer beschreibt diese paradiesische Gegend in seiner *Odyssee*: »In die elysische Flur, zu den Grenzen der Erde, entheben einst Unsterbliche dich. Dort fällt kein Schnee, kein Regen, es fehlen des Winters Stürme. In stetem Rauschen entsenden zephyrische Lüfte von des Okeanos Fluten belebenden Hauch zu den Menschen.«[19]
Im elften Gesang seines Epos findet sich das *Buch des Todes*, welches die erste ausführliche Beschreibung einer Totenbefragung durch ein Medium in der Weltliteratur ist. Odysseus

will seine medialen Fähigkeiten nutzen, um mit dem Propheten Teiresias in Verbindung zu treten, da er sich in einer schwierigen Situation befindet. Besonders eindrucksvoll ist die Erscheinung seiner verstorbenen Mutter. Odysseus ist voll Freude und will seine Mutter umarmen, deren Erscheinung sich jedoch nicht anfassen lässt: »Meiner toten Mutter Seele wollt ich umarmen; dreimal stürzt ich hinzu, sehnsüchtig, dass ich sie griffe. Dreimal mir aus der wie ein Schatten und ein Traumbild schwand es weg.«[20]

Die Unterwelt des Hades galt in der Antike nicht als Ort ewiger Verdammnis, sondern war der Aufenthaltsort der Seele nach dem Tod. Erst später wurde der Hades zur Hölle umfunktioniert. Das Totenreich wird in Homers *Odyssee* wie ein Nachbarland der irdischen Welt beschrieben, welches unter der Erde als Hades bezeichnet wird und darüber als Himmel oder die Elysischen Gefilde.

Die klassische griechische Antike kannte bereits die Niederschriften von Sterbeerlebnissen, die zu religiösen Zwecken verbreitet wurden. In den Werken der Dichter jener Zeit finden sich immer wieder entsprechende Andeutungen. Eine der bekanntesten Nahtoderfahrungen der Antike findet sich in Platons *Politeia*, im Mythos des Kriegers Er. Dieser fällt bei einem Kampf und durchquert jenseitige Welten. Er kommt erst nach Tagen in seinem Körper wieder zu sich, als sein Leichnam schon auf dem Scheiterhaufen liegt, um verbrannt zu werden. Luigi Moraldi fasst die ausführliche Erzählung Platos zusammen: »Nachdem er den Körper verlassen hatte, gelangte er an einen jenseitigen Ort, der von vier gewaltigen Höhlen durchzogen war ... Zwischen ihnen saßen Richter, die jedem sein Urteil verkündeten: Den gerecht Befundenen erlaubten sie, nach rechts zum Himmel aufzusteigen, nachdem sie auf ihre Brust ein Zeichen befestigt hatten, das ihren Urteilsspruch kenntlich machte; die Ungerechten aber wurden dazu verdammt, nach links zu gehen, zum Abgrund, und

auf ihrem Rücken befestigten die Richter ein Schandmal ihrer Vergehen. Die Richter gestatteten Er, näher zu kommen. Sie erklärten ihm, er solle den anderen Menschen verkündigen, was sich hier ereignet haben, und forderten ihn auf, genau zu hören und zu beobachten, was sich noch weiter begeben werde … die vom Himmel herabgestiegen waren, sprachen von unermesslicher Freude und Glückseligkeit, die ihnen dort zuteil wurde.«[21]
Platon greift in seinen Werken auf die Schilderung Homers zurück, ersetzt jedoch die trostlose Welt des Hades durch ein persönliches Weiterleben, das an die Taten des vergangenen Lebens gekoppelt ist. Platon entwickelte eine Wiedergeburtslehre, wobei die Seele aus dem Fluss Lethe den Trank des Vergessens trinken muss, bevor sie sich erneut inkarniert. In seinem berühmten Höhlengleichnis wird das irdische Leben als Schatten dargestellt. Die Wirklichkeit des Jenseits kann nicht mit der irdischen Realität gleichgesetzt werden, da sie lediglich ein Abglanz der jenseitigen Realität ist. Alle Mysterien, die sich damals entwickelt haben, sind daher eine Vorbereitung auf den Tod. Deswegen wurde im antiken Griechenland schon zu Lebzeiten das Verlassen des Körpers geübt. Die alten Griechen entwickelten Methoden, bewusstseinserweiternde Erfahrungen zu erleben, die einer typischen Nahtoderfahrung sehr nahe kommen.
Die Gedanken Homers und Platons finden Eingang in die Vorstellungen vom Jenseits im Alten Rom. In Virgils *Äneis* wird Äneas von der Sybille begleitet und reist ins Totenreich, ähnlich wie in den Schilderungen Homers. Zunächst müssen die höllischen Bereiche der Unterwelten durchschritten werden, bevor der Blick ins Paradies möglich ist. Dabei macht die Sybille Äneas mit dem Grundgesetz der antiken Totenkunde vertraut.
»Tag und Nacht steht offen das Tor in das Dunkel der Tiefe, aber zu wenden den Schritt und zur Oberwelt zu entrinnen,

hier erst beginnt alle Not! Und bloß, wen Jupiter liebte, wenigen nur, die zum Äther die strahlende Tugend emporhob, Göttersöhnen gelang's!«[22]
Auch die Wiedergeburtslehre Platons wird von Vergil aufgegriffen. Die Seelen der Verstorbenen leben nur befristet im Schatten des Totenreichs, um dann auf die Erde zurückzukehren. In der *Äneis* wird das unmissverständlich angesprochen: »Bis sich endlich der Tag im Laufe der Zeiten erfüllt und eingefressene Verderbnisse tilgt, die ätherische Seele und den reinen Geist vom Feuer geläutert zurücklässt. Wenn dann das Rad der Zeiten an tausend Jahre gelaufen, ruft sie in mächtigen Scharen ein Gott zum Strome der Lethe, dass sie erinnerungslos aufs neu das Gewölbe des Himmels schauen und wieder zurück in Körper zu wandern beginnen.«[23]

Hinduismus

Das gesamte religiöse Denken im Hinduismus und Buddhismus findet in der Vorstellung der Reinkarnation als ewiges Weltgesetz seinen Ausdruck.
Die für den westlichen Menschen verwirrende Vielzahl der Götter im Hinduismus sind aus dem Urgrund Gottes hervorgegangene Wesenheiten und somit Ausgestaltungen des EINEN. Dieses absolute Sein ohne Anfang und Ende, unveränderlich und ewig, wird in der indischen Kultur als Brahma bezeichnet. Durch den göttlichen Funken im Innersten des Menschen hat er Anteil am göttlichen Licht. Dieser Funke wird als Atman bezeichnet – das Höhere Selbst im Gegensatz zum Ich des Menschen. Nach indischem Glauben findet der Mensch zu Gott, der sein Selbst erkennt.
Das Ich gehört nicht zum wahren Kern des Menschen, sondern ist der Atman, der Teil des ewigen göttlichen Seins (Brahma). So heißt es dazu in der *Bhagvadgita*, dem Gesang des

erhabenen Krishna, der eine irdische Erscheinungsform Gottes war: »Vergänglich sind die Leiber nur, der ew'ge Geist, der sie beseelt, ist ohne Ende, ohne Maß. Wer meint, dass jemand sterben muss, der irrt: Der Geist vergeht niemals.«[24]
Die Seele wird als Träger des Geistes verstanden. Der Hinduismus vertritt die Auffassung, dass die Herausbildung des Höheren Selbst nicht in einem Leben erreicht werden kann. Die Seele wird so lange wiedergeboren, bis sie aus dem Kreislauf der Wiedergeburten(Samsara) aussteigen kann. Die Seele wird dadurch erlöst, dass sie sich mit dem göttlichen Ursprung wieder vereint.
Wie der Mensch dieses ewige Ziel erlangen kann, wird in der *Bhagvadgita* so ausgedrückt: »Wer jeglicher Begier entsagt, von Selbstsucht und Verlangen rein auf dieser Erde wandelt, geht zu ruhevollem Frieden ein. Den Brahma-Zustand nennt man dies. Wer den erlangt, ist frei von Wahn, im Ewigen löst er sich auf am Ende seiner Lebensbahn.«[25]
Die Art des zukünftigen Lebens wird durch das Karma, den selbst verursachten Auswirkungen der Gedanken, Worte und Taten eines Lebens bestimmt. Alle Lebensumstände resultieren nach diesem Glauben aus vorangegangenen Handlungen. Deswegen ist jeder Mensch für sein Schicksal selbst verantwortlich. Durch das ewige geistige Prinzip von Ursache und Wirkung schafft sich jeder einzelne Mensch die Ursache seiner Lebensumstände.
Diese Eigenverantwortung des Menschen kommt in den zeitgenössischen Nahtoderfahrungen durch die Lebensrückschau zum Ausdruck. Dabei gibt es niemals einen Zufall, da wir stets ernten, was wir säen. Die Seele kann nur durch pflichtbewusstes und selbstloses Handeln vom Kreislauf der Wiedergeburt befreit werden. Nach dem Tod ist die Seele in einem Wartezustand und befindet sich in einer Umgebung, die den Taten des vorangegangenen Lebens entspricht. Wie in allen anderen Jenseitsvorstellungen landen die schlechten

Menschen in der Hölle. Für den Hinduisten ist der Augenblick des Todes, wenn die Seele den Körper verlässt, von ausschlaggebender Bedeutung. Die *Bhagvadgita* rät den Lebenden in einem Lehrgedicht: »In der Todesstunde, wenn der Mensch den Leib verlässt, muss im Scheiden sein Bewusstsein völlig in mir aufgehen. Dann wird er mit mir vereinigt werden. Dessen sei gewiss. Mach es zum festen Brauch, das Sich-Versenken zu üben, und lasse dabei deinen Sinn nicht schweifen. Auf solche Weise wirst zum Herrn du eingehen, zu ihm, der Licht gibt und der Allerhöchste ist.«[26]
Indiens Religiosität ist alles andere als einheitlich. Doch trotz der Vielfalt der Götterwelt dokumentieren die heiligen Schriften den Glauben an den einen Gott, den Allerhöchsten, wie er in dem obigen Text bezeichnet wird.

Buddhismus

Der Buddhismus geht davon aus, dass nur durch Selbsterlösung die Befreiung aus dem Kreislauf der Wiedergeburten erfolgen kann. Eine der wesentlichen Grundüberzeugungen des Buddha war, dass jedes Festhalten an irdischen Dingen Leid erzeugt und eine Befreiung verhindert.
Die nur auf wenige Personen beschränkte Erlösungsmöglichkeit des ursprünglichen Hinayana-Buddhismus verwandelte sich in der ersten Jahrtausendhälfte unserer Zeitrechnung in den so genannten Mahayana-Buddhismus, der die Möglichkeit der Erleuchtung jedem Menschen anbot. Ananda, ein Lieblingsschüler des historischen Buddhas schildert im *Sukhavati (Glücksland)* seine Jenseitsreise, dessen Bilder durchaus den westlichen Vorstellungen vom Paradies entsprechen: »Von jedem Edelsteinlotus gehen drei Millionen Sechshunderttausend Lichtstrahlen aus ... diejenigen, die in dieser Welt Sukhavati geboren wurden und geboren werden, sind mit

Farben, Kraft, Stärke, Höhe, Breite, Gewalt, Tugenden, mit Freuden an Kleidern, Schmuck, Gärten, Palästen und Häusern, mit Vergnügungen der Sinne, kurz mit allen Vergnügungen begabt.«

Relevanter für unser Thema ist der tibetische Buddhismus, dessen Totenbuch eine der detailliertesten Schilderungen über das Sterbeerlebnis und was danach geschieht enthält. Leben und Tod gelten im Buddhismus als Ganzheit, als eine Folge von sich ständig verändernden Übergangsrealitäten. Im Leben wie im Tod gibt es Momente, in denen es nach tibetischer Vorstellung möglich ist, Erleuchtung zu erlangen, besonders aber im Augenblick des Todes.

Das *Tibetische Totenbuch* wurde erstmals im 8. Jahrhundert in schriftlicher Form aufgezeichnet und basiert auf einer langen, mündlich überlieferten Geheimlehre über die Vorgänge beim Sterben. Die tibetischen Mönche setzten sich an die Betten der Sterbenden und beschrieben ihre Beobachtungen des äußeren und inneren Sterbeprozesses. Durch die lebenslange Meditation konnten die buddhistischen Mönche die feinstofflichen Vorgänge im Sterben wahrnehmen. Daher hatten sie einen Einblick in die Erfahrungen der Seele nach dem irdischen Tod.

Bemerkenswert ist im *Tibetischen Totenbuch* die Transparenz der inneren und äußeren Vorgänge beim Sterben des Menschen, welches in die Auflösung der Elemente Erde, Feuer, Wasser und Luft mündet. Der Schlüsselbegriff des Totenbuches ist der sogenannte Bardo, der als jenseitiger Zwischenzustand zwischen den verschiedenen Leben verstanden wird. Der Mensch hat im Augenblick des Todes die Möglichkeit, zur Erleuchtung und Befreiung zu gelangen, wenn sich der Verstorbene nicht von den trügerischen Erscheinungen, die ihm sein Geist vorgaukelt, ablenken lässt. Im *Tibetischen Totenbuch* werden drei verschiedene Bewusstseinszustände nach dem Tod beschrieben.

Der Augenblick des Todes im ersten Bardo ist die beste Möglichkeit zur Erleuchtung. Durch das Vorlesen des Totenbuchs durch einen Lama oder Geistlichen innerhalb von 49 Tagen nach dem Tod soll der Verstorbene an sein Wissen erinnert werden, damit er zur Befreiung gelangt.
Im zweiten Bardo begegnet er der wahren Natur der Dinge, dem strahlend weißen Licht, von dem alles ausgeht. Wenn sich der Verstorbene durch sein irdisches Leben von den Folgen seiner guten und bösen Taten befreit hat (Karma), kann er jetzt während der Begegnung mit dem Urlicht in dieses eingehen. Dann ist er von einer weiteren Wiedergeburt befreit. Das schaffen die meisten Menschen nicht, weil ihr Karma noch zu stark ist. Durch das Schockerlebnis des Todes fallen sie dann in eine Art Ohnmacht.
Für den Verstorbenen beginnt nun die Zeit der karmischen Trugbilder, Visionen und Mythen, wobei den aufscheinenden Farben eine besondere Bedeutung beigemessen wird: Weißes und blaues Licht sind die Farben der Ewigkeit. Das gelbe Licht symbolisiert alles Irdische, von dem der Tote sich lösen soll. Danach begegnet das Bewusstsein dem roten Licht, der Farbe des Feuers. Es muss sich entsagen und meditieren. An vierter Stelle steht das grüne Licht, welches das Luftelement symbolisiert. Der Mensch wird bei diesem Anblick vom Gefühl der Eifersucht ergriffen, darf aber nicht fliehen. Im Reich der Farben soll das Bewusstsein erkennen, dass alle trüben Lichter in die Hölle führen und eine niedrigere Wiedergeburt bewirken. Deswegen soll sich der Verstorbene nur an den klaren Lichtern orientieren.
Das *Tibetische Totenbuch* beschreibt die verschiedenen Bewusstseinszustände des Menschen durch die Konfrontation mit den Gottheiten. Zunächst begegnet der Verstorbene friedlichen Wesenheiten, die sich dann in bedrohliche und zornige Wesen verwandeln, die mit Auslöschung und Vernichtung drohen. Dabei geht es für das Bewusstsein um die Erkenntnis,

dass es sich nicht zu fürchten braucht, da es nicht zerstörbar oder verletzlich ist. Wichtig ist die Erkenntnis, dass alle Schreckgestalten der eigenen psychischen Vorstellung entspringen. Der Verstorbene soll seiner erdwärts gerichteten Wünsche entsagen (zum Beispiel Verblendung, Ruhmsucht), damit er Erlösung findet.
Dann tritt das Bewusstsein in den dritten und letzten Bardo ein: den Wiedergeburtsprozess. Der Geist des Toten wird von seinem unerlösten Karma gequält und kann den eigenen Trugbildern nicht entfliehen. Er ist mit den eigenen Makeln konfrontiert: Gier, Hass und Unwissenheit. So hofft er schließlich auf einen neuen Körper. Das Bewusstsein kann nur durch Selbsterkenntnis über das Leid siegen.

Judentum

In den monotheistischen Religionen sind die Welt und ihre Gesetze das Werk eines allmächtigen, allwissenden und persönlichen Gottes, der sich außerhalb seiner Schöpfung befindet. Gott greift nicht in das Weltgeschehen ein, da der Mensch mit einem freien Willen ausgestattet ist und dieser das Werkzeug der Eigenverantwortung ist. Allerdings kann sich Gott dem Menschen offenbaren, er gibt sich zu erkennen und zeigt Heilswege auf. Im Gegensatz zum Hinduismus oder Buddhismus gibt es keine Wiedergeburt. Jedes Individuum ist einmalig und lebt auch nur einmal.
Das alte Testament ist die Grundlage der israelischen Religion, wobei die fünf Bücher Moses als *Thora* bezeichnet werden. Der Mensch erfährt die Begrenztheit des eigenen Lebens als Folge der Missachtung der göttlichen Verbote seiner Stammeltern Adam und Eva. Entsprechend düster wird im Alten Testament das Totenreich geschildert. Der Scheol, wörtlich: Grube, gilt als trostloses Schattenreich, in dem sich

die Verstorbenen aufhalten. Der Tod wurde generell als Strafe betrachtet. Allmählich jedoch entwickelte sich der Auferstehungsglaube, wie er später im *Buch Daniel* beschrieben wurde. Dort heißt es, bezogen auf die Endzeit: »Und viele von denen, die im Staub der Erde schlafen, werden erwachen: Die einen zum ewigen Leben, die anderen zur Schande, zu ewigem Abscheu. Und die Verständigen leuchten wie Sterne immer und ewig.« (Daniel 12,1–3)

Im 73. Psalm findet sich ebenso eine individuelle Aussicht auf ein Leben nach dem Tod. »Nach Deinem Rat leitest Du mich, nachher nimmst Du mich in Deine Herrlichkeit auf.« (Psalm 73,24)

Im Laufe der Zeit entwickelte sich also die Hoffnung auf ein lichtvolles Weiterleben im Jenseits. Auch das feinstoffliche Wissen um die inneren Vorgänge beim Sterben des Menschen ist bereits vorhanden. Eindeutig wussten die Israeliten von der Existenz der Silberschnur, die Körper und Seele zusammenhält. Wenn diese Verbindung durchtrennt ist, kann die Seele nicht mehr in den Körper zurückkehren. Im Buch Kohelet bzw. Prediger heißt es: »Ja, ehe der silberne Strick zerreißt, die goldene Schale bricht, der Krug an der Quelle zerschellt, das Rad zerbrochen in den Brunnen fällt, der Staub zur Erde zurückkehrt, als das, was er war, und der Atem zu Gott zurückkehrt, der ihn gegeben hat.« (Kohelet 12,6–8)

Im Moment des Todes trennt sich die Seele vom Körper, wenn die Silberschnur unwiderruflich zerrissen ist. Die Seele als Träger der Lebensenergie (Atem) geht über in die Welt des Jenseits.

Der Jüdische Glauben beinhaltet die Erwartung, dass das Gottesreich eines Tages auf Erden anbricht und durch einen Messias errichtet wird. Die jüdischen Auslegungen der Heiligen Schriften finden sich im *Talmud* und dem *Midraschim*. Das Alte Testament wirkt in der Schilderung transzendenter Erfahrungen sachlich und nüchtern. Gleichzeitig tauchen in den Apokryphen oder den Apokalypsen Jenseitsreisen auf, die in ihrer Struktur auf der Kenntnis von echten Sterbeberichten beruhen. Die in den spätjüdischen Texten formulierte Hoffnung auf ein Leben nach dem Tod war traditonsgeschichtlich gesehen die Voraussetzung für den urchristlichen Auferstehungsglauben.

In einer kosmischen Traumreise sieht der vorsintflutliche Patriarch Henoch den Thron Gottes und erfährt alle Geheimnisse. Der folgende Textauszug liest sich wie eine zeitgenössische Nahtoderfahrung, in welcher der Erlebende mit allem Wissen verbunden ist.

»Und Henoch sprach: Ich kam in den Garten der Gerechtigkeit. Ich sah den Baum der Weisheit, von dem viele Heilige essen und großer Weisheit kundig werden. Von dort ging ich bis an die Enden der Erde. Ich sah dort große Tiere, keins wie das andere, auch Vögel, verschieden nach Aussehen, Schönheit und Stimme. Und ich sah die Pfeiler der, worauf der Himmel ruht. Und die Tore des Himmels standen offen.

Danach stieg mein Geist in den letzten Himmel auf. Ich sah zwei Feuerströme. Und sie glänzten wie Hyazinth. Der Engel Michael aber zeigte mir alle Geheimnisse des Himmels. In der Mitte jenes Lichtes erhob sich ein Bau aus Kristallstein, und zwischen den Steinen waren Zungen lebendigen Feuers. Unzählige Engel, tausendmal zehntausend, ihre Kleider weiß und ihr Antlitz leuchtend wie Schnee, umgaben den kristallnen Bau und bewachten den Thron seiner Herrlichkeit.«[27]

Islam

Auch bei den Muslimen beginnt das Weltende mit der Auferstehung der Toten. Allah wird aufgrund der aufgezeichneten Gedanken, Worte und Taten eines Menschen über ihn urteilen, in dem die Handlungen auf einer Waage abgewogen wer-

den. Das Wiegen der Seele wird in vielen Religionen ähnlich beschrieben. Der Ethnologe Mircea Eliade schreibt dazu: »Die Vorstellung von einer vollkommenen kosmischen Gerechtigkeit, die den Menschen, auch wenn ihn kein irdischer Richter erreichte, bestraft, gewinnt ihren deutlichsten Ausdruck im Bild der Seelenwaage.«[28]
Über die Jenseitserwartung im Islam gibt die 52. Sure Auskunft. »Wahrlich, die Gottesfürchtigen in Gärten und Wonne. Sich ergötzend an dem, was der Herr ihnen gegeben. Und der Herr bewahrte sie vor der Pein des Feuerpfuhls. Esset und trinket wohlbekömmlich ob dem, was ihr getan. Jedermann ist für das, was er getan, verpfändet.« (Sure 52,19–21)
Wie in vielen anderen Religionen ist das Jenseits des Islam von Himmel und Hölle geprägt. Der Einzelne muss beim Jüngsten Gericht vor Gott Rechenschaft ablegen. Es besteht eine sittliche Verantwortung für das eigene Leben. Die Grundlage des Islam ist der *Koran*, der durch den Propheten Mohammed (570 n Chr. in Mekka geboren) durch göttlich inspirierte Eingebung empfangen wurde. Die grenzüberschreitende Erfahrung des Propheten erlaubt den Vergleich zur zeitgenössischen Nahtoderfahrung.
Ein besonderes Indiz dafür ist die Beschreibung Gottes im Koran, trotz des strengen islamischen Bilderverbots. Die verwendete Lichtmetaphorik legt eine außerkörperliche Erfahrung des Propheten Mohammed sehr nahe: »Gott ist das Licht, der Himmel und die Erde. Sein Licht gleicht einer in einem Glas befindlichen Leuchte in einer Nische; das Glas ist wie ein leuchtender Stern. Es wird von einem gesegneten Baum gespeist, einem Ölbaum, der kein östlicher ist und kein westlicher, dessen Öl fast leuchtet, auch wenn das Feuer es nicht berührt. Licht über Licht. Gott leitet zu seinem Licht, wenn er will. Gott prägt den Menschen Gleichnisse, und Gott ist aller Dinge wissend.« (Sure 24,35)

Einen besonders ausführlichen Einblick in die Jenseitserwartung der islamischen Kultur bietet das *islamische Totenbuch*. Es stammt von einem unbekannten Autor und ist zeitlich nicht datierbar. In dem Kapitel »Über den Geist nach seiner Trennung vom Körper« wird detailliert beschrieben, wie die Seele nach ihrem Tod beobachtet, wie der Leichnam fortgetragen und beigesetzt wird. Der Verstorbene nimmt die Dinge wie in einer klassischen außerkörperlichen Erfahrung wahr. Die Schilderung bezieht sich auf das innere Erleben des soeben Verstorbenen: »Es ist das letzte Mal, dass ich sie sehe. Denn heute werde ich von ihnen getrennt, und ich werde sie nicht wiedersehen bis zum Tag der Auferstehung. Meine Begleiter, eilt nicht mit mir, damit ich von meiner Wohnung, meinen Hausgenossen, meinen Kindern und meinem Vermögen Abschied nehme.«[29] Wiederum findet sich auch im Islam die Universalität des Sterbeerlebnisses wieder.

Christentum

Im Alten Testament findet Moses durch eine Gotteserfahrung seine Berufung. Sie ist der Ausgangspunkt für sein gesamtes weiteres Handeln und hat daher eine zentrale Bedeutung.
»Und der Engel des Herrn erschien ihm in einer feurigen Flamme aus dem Dornbusch. Und er sah, dass der Busch im Feuer brannte und doch nicht verzehrt wurde. Und er sprach weiter: Ich bin der Gott deines Vaters, der Gott Abrahams, der Gott Isaaks, und der Gott Jakobs. Und Mose verhüllte sein Angesicht, denn er fürchtete sich, Gott anzuschauen.« (2 Mose 3,2–6)
Gott gibt sich in einer Lichterscheinung zu erkennen, die Parallelen zu zeitgenössischen Nahtoderfahrungen aufweist. Es handelt sich hierbei offenbar um eine innere Erfahrung, aus der Moses' Motivation zu religiösem Handeln erwachsen ist.

Die Bibel berichtet bereits auf den ersten Seiten vom Umgang mit Geistwesen, Begegnungen mit Verstorbenen, Engeln oder Gotteserscheinungen.

Im *Buch Hiob*, dem wahrscheinlich ältesten Buch der Bibel, findet sich ein konkreter Bericht über eine Geistererscheinung. Ein Verstorbener erscheint Elifas, einem der Berater Hiobs, im Traum. Am nächsten Tag erzählt Hiob von dem geheimnisvollen Besucher, der in der Nacht zu ihm gekommen ist: »Zu mir ist heimlich ein Wort gekommen, und von ihm hat mein Ohr ein Flüstern empfangen beim Nachsinnen über Gesichter in der Nacht, wenn tiefer Schlaf auf die Leute fällt. (…) Da stand ein Gebilde vor meinen Augen, doch ich erkannte seine Gestalt nicht. Es war eine Stille, und ich hörte eine Stimme.« (Hiob 4,12–13 sowie Hiob 4,16)

Eine der bekanntesten biblischen Erzählungen über Kontakte durch Medien ist der Bericht des Königs Saul über seine Erlebnisse bei der Totenbeschwörerin von Endor. Der König befindet sich in großer Bedrängnis: Er ist von den Feinden Israels umzingelt. Sein Gönner Samuel war gestorben, worauf Saul alle Totenbeschwörer und Wahrsager aus dem Land vertreiben ließ. Da er nun selbst das Gefühl hat, von Gott verlassen zu sein, verkleidet er sich und lässt sich zu der Wahrsagerin von Endor führen. Hier möchte er durch Samuel von seinem Schicksal erfahren. Das Medium erkennt den König und beschwört nun Samuel: »Und der König sagte zu ihr: Fürchte dich nicht! Nun, was siehst du? Die Frau antwortete Saul: Ich sehe einen Geist aus der Erde heraufsteigen.

Er sagte zu ihr: Wie sieht er aus? Und sie antwortete: Ein alter Mann steigt heraus. Er ist in ein Oberkleid gehüllt. Da erkannte Saul, dass es Samuel war, und er neigte sich mit seinem Gesicht zur Erde und fiel nieder.« (1 Samuel 28, 13–14)

Durch die konkrete Beschreibung der Kleidung erkennt Saul, dass er zu Samuel einen direkten Kontakt aufgenommen hat.

Dieser fühlt sich in seiner Ruhe gestört und prophezeit ihm: »Und der HERR wird auch Israel mit dir in die Hand der Philister geben. Morgen wirst du mit deinen Söhnen bei mir sein. Auch das Heerlager Israels wird der HERR in die Hand der Philister geben.« (1 Samuel 28,19)

Das erste Buch Samuel endet mit Sauls Tod. Er und seine Söhne nehmen sich das Leben, um den Feinden zu entgehen. In dieser historischen Bibelstelle zeigen sich die Toten in der Form, wie sie zu Lebzeiten bekannt waren.

Die christliche Auferstehungshoffnung wird im *Neuen Testament* durch Jesu Tod am Kreuz symbolisiert. Der Tod Jesu kann als Aufhebung aller Trennung und als Vereinigung mit Gott angesehen werden, da das Geschehen am Kreuz der Wahrheit des menschlichen Sterbeprozesses entspricht.

Durch das Erwachen in die Liebe, die vom Sterbenden im Angesicht des Todes erfahren wird, fühlt sich der Mensch geborgen und getragen. Wer das annehmen kann, wird seinen Tod akzeptieren und in Frieden sterben können. Gott offenbart sich als die reine Kraft der Liebe und das wahre Licht der Welt.

Im Credo bekennen die Christen »Ich glaube an die Auferstehung der Toten und ein ewiges Leben.«

Der historische Jesus beantwortete diese Frage im Markusevangelium mit folgenden Worten: »Aber von den Toten, dass sie auferstehen, habt ihr nicht gelesen im Buch Mose bei dem Dornbusch, wie Gott zu ihm sagte und sprach: Ich bin der Gott Abrahams, der Gott Isaaks und der Gott Jakobs. Gott ist nicht ein Gott der Toten, sondern der Lebenden!« (Markus 12,26–27)

Leben und Tod unterscheiden sich lediglich durch unterschiedliche Bewusstseinszustände, die sich in Gott vereinen und durch seine Liebe getragen werden. Diesen Anteil an der Ewigkeit trägt jede Seele in sich.

Die Auferstehung von Jesus Christus im Neuen Testament

verweist auf die Bewusstseinskontinuität, die im Augenblick des Todes von jedem Menschen erlebt wird.
Durch einen Vergleich der vier kanonisierten Evangelien erschließen sich weiterhin die unterschiedlichsten Nachtodkontaktformen, wie sie bis in die Gegenwart erlebt werden. Jesus wird von seinen Anhängern als Gegenwart wahrgenommen, er erscheint ihnen im Geistleib und kann sich später sogar materialisieren, wie das in der Erzählung vom ungläubigen Thomas geschildert wird. Thomas kann erst dann an die Auferstehung glauben, als er die Wunden Jesu berühren darf.
In den Evangelien wird ein grundsätzliches Wissen über die Vorgänge beim Sterben und danach durch die Auferstehung Jesu vorweggenommen. Typisch ist auch der Unglaube und die Angst, welche die Jünger hindert, das Geschehen anzunehmen. Die Berichte über die Auferstehung sind keineswegs symbolisch zu verstehen, sondern als reale Aussagen über das Fortleben des Menschen nach seinem Tod. Dabei erfolgt die Auferstehung nicht erst am jüngsten Tag, wie es viele Christen glauben, sondern im Augenblick des Todes wird eine Kontinuität des Ich-Bewusstseins erlebt. Auf diesen Umstand verwies sogar Papst Johannes Paul II. im Oktober 1998 während einer Generalaudienz im Vatikan: »Man darf allerdings nicht glauben, dass das Leben nach dem Tod erst mit der endzeitlichen Auferstehung beginnt. Dieser geht in der Tat jener spezielle Zustand voraus, in dem sich jeder Mensch vom Augenblick des physischen Todes an befindet. Es handelt sich um eine Übergangsphase, bei welcher der Auflösung des Leibes die Fortdauer und Subsistenz eines geistigen Elementes ›gegenübersteht‹, das mit Bewusstsein und Willen ausgestattet ist, sodass das ›Ich des Menschen‹ weiterbesteht, wobei es freilich in der Zwischenzeit seiner vollen Körperlichkeit entbehrt.«[30]
Die christliche Auferstehungshoffnung wird vom Apostel Paulus im ersten Korintherbrief konkretisiert: »So auch die

Auferstehung der Toten. Es wird gesät verweslich und wird auferstehen unverweslich.
Es wird gesät in Niedrigkeit und wird auferstehen in Herrlichkeit. Es wird gesät in Armseligkeit und wird auferstehen in Kraft. Es wird gesät ein natürlicher Leib und wird auferstehen ein geistlicher Leib.« (1 Korinther 15,42–44)
Aus den Aussagen des Paulus lässt sich vor allem erschließen, dass die Auferstehung nicht körperlicher Natur ist, sondern in einem feinstofflichen Körper erfolgt. Das wird gestützt durch seine eigene außerkörperliche Erfahrung, die Paulus im zweiten Korintherbrief schildert: »Ich kenne einen Menschen in Christus; vor vierzehn Jahren – ist er im Leib gewesen? ich weiß es nicht; oder ist er außer dem Leib gewesen? ich weiß es auch nicht; Gott weiß es – da wurde derselbe entrückt bis in den dritten Himmel. Und ich kenne denselben Menschen – ob er im Leib oder außer dem Leib gewesen ist, weiß ich nicht – der wurde entrückt in das Paradies und hörte unaussprechliche Worte, die kein Mensch sagen kann.«[31]
Relevant für unser Thema ist auch seine Wandlung vom Saulus zum Paulus: »Als er aber auf dem Wege war und in die Nähe von Damaskus kam, umleuchtete ihn plötzlich ein Licht vom Himmel; und er fiel auf die Erde und erhörte eine Stimme, die sprach zu ihm: Saul, Saul, was verfolgst du mich? Er aber sprach: Herr, wer bist du? Der sprach: Ich bin Jesus, den du verfolgst.«[32]
Nach dieser Lichterscheinung von Jesus ist Paulus drei Tage blind, um dann, vom Heiligen Geist erfasst, sich vom Christenverfolger zum Apostel zu verwandeln. Die radikale Persönlichkeitsveränderung, wie sie Paulus erlebt, wird in den zeitgenössischen Nahtoderfahrungen grundsätzlich mit der Begegnung mit dem Licht in Verbindung gebracht. Eben diese Lichtmetaphorik findet sich auch in der Offenbarung des Johannes. Die Apokalypse der Bibel endet mit der Verheißung des Gottesreiches, des neuen Jerusalems.

»Und er führte mich hin im Geist auf einen großen und hohen Berg und zeigte mir die heilige Stadt Jerusalem herniederkommen aus dem Himmel von Gott, die hatte die Herrlichkeit Gottes; ihr Licht war gleich dem alleredelsten Stein, einem Jaspis, klar wie Kristall; sie hatte eine große und hohe Mauer und hatte zwölf Tore und auf den Toren zwölf Engel und Namen darauf geschrieben, nämlich die Namen der zwölf Stämme der Israeliten. Und die Stadt ist viereckig angelegt, und ihre Länge ist so groß wie die Breite. Und er maß die Stadt mit dem Rohr: zwölftausend Stadien. Die Länge und die Breite und die Höhe der Stadt sind gleich. Und ihr Mauerwerk war aus Jaspis und die Stadt aus reinem Gold, gleich reinem Glas. Und die Grundsteine der Mauer um die Stadt waren geschmückt mit allerlei Edelsteinen.
Der erste Grundstein war ein Jaspis, der zweite ein Saphir, der dritte ein Chalzedon, der vierte ein Smaragd, der fünfte ein Sardonyx, der sechste ein Sarder, der siebente ein Chrysolith, der achte ein Beryll, der neunte ein Topas, der zehnte ein Chrysopras, der elfte ein Hyazinth, der zwölfte ein Amethyst. Und die zwölf Tore waren zwölf Perlen, ein jedes Tor war aus einer einzigen Perle, und der Marktplatz der Stadt war aus reinem Gold wie durchscheinendes Glas. Und ich sah keinen Tempel darin; denn der Herr, der allmächtige Gott, ist ihr Tempel, er und das Lamm. Und die Stadt bedarf keiner Sonne noch des Mondes, dass sie ihr scheinen; denn die Herrlichkeit Gottes erleuchtet sie, und ihre Leuchte ist das Lamm.«[33]
Das Faszinierende aus der Johannesoffenbarung ist, dass die Schilderung des himmlischen Jerusalem sich heute wie eine zeitgenössische Nahtoderfahrung liest. Die Lichtmetaphorik, das Durchdrungenwerden allen Seins vom göttlichen Licht, welches die Einheit und Verbundenheit mit allen Wesen widerspiegelt, wird uns in den Berichten vieler Menschen, die in diesem Buch zu Wort kommen, noch näher beschäftigen. Das himmlische Jerusalem symbolisiert die Wiederkunft Christi

und die Wiederherstellung der ursprünglichen Einheit zwischen Gott und Mensch. Alle Trennungen und irdischen Illusionen werden aufgehoben, wenn Gott im Menschen erwacht. Das ist jener Bewusstseinswandel, der gegenwärtig von vielen Menschen in ihrer Innenwelt erfahren wird.

Mittelalter

Von der frühen Kirchengeschichte über das Mittelalter bis in die Neuzeit wurden unzählige bewusstseinserweiternde Erfahrungen und Sterbeerlebnisse überliefert. Es würde hier den Rahmen sprengen, all diese unzähligen Quellen dokumentieren zu wollen. Dennoch werde ich einige relevante Aussagen kurz zusammenfassend darstellen.
In der Frühzeit des Christentums erreichte die sogenannte Paulus-Apokalypse, die im dritten Jahrhundert nach Christus entstand, einen großen Einfluss. Der Text beschreibt konkret seine Jenseitsreise, die in seiner außerkörperlichen Erfahrung im zweiten Korintherbrief nur vorsichtig angedeutet wird.
Paulus beobachtet, wie drei Seelen ihren Körper verlassen, und verfolgt ihre Reise ins Jenseits mit: Zunächst wird ihm ein Blick in das Totenbett- und Gerichtsszenario gewährt, wie es später vor allem in den *Ars Moriendi* (Totenbüchern) aufzufinden war. Im Sterben wird der wahre Charakter eines Menschen offenbar. Die guten und bösen Taten eines Menschen werden abgewogen.
Es zeigt sich aber schon in diesen frühen christlichen Texten, dass der Tod vor allem als Begegnung des Menschen mit sich selbst dargestellt wird. Das Gericht, das über Jahrtausende in den verschiedensten religiösen Traditionen gefürchtet wurde, ist in seinem Kern nichts anderes als die Lebensrückschau heutiger Nahtoderfahrungen. In der Paulusvision besucht er anschließend das Paradies und die Stadt Christi. Im dritten

Himmel erblickt er Engel als Wesen des Lichtes: »Und ich blickte in die Höhe und ich sah andere Engel, deren Angesicht wie die Sonne blitzte, die Lenden umgürtet mit goldenen Gürteln, und in ihren Händen Palmen habend und das Zeichen Gottes, bekleidet mit Gewandung, die beschrieben war mit dem Namen des Sohnes Gottes, aber erfüllt mit aller Milde und Barmherzigkeit.«[34]

Danach nimmt er an einer Führung durch die Hölle teil, deren Qualen in den mittelalterlichen Versionen des Textes besonders drastisch geschildert werden. Die didaktische Absicht der Schilderungen derartiger Höllenszenarien war es, dass sich der Mensch noch im Leben zu Gott bekehrt.

Papst Gregor der Große (540–603) war der Verfasser zahlreicher spiritueller Schriften. Seine *Dialoge* beeinflussten die mittelalterlichen Diskussionen über Wunder und Visionen maßgeblich. Im vierten Buch seiner *Dialoge* liefert Gregor Beweise für die Unsterblichkeit der Seele. Heute kann dieses Buch als erste Fallsammlung von Nahtoderfahrungen angesehen werden. Papst Gregor sprach sogar persönlich mit den Betroffenen. Seine Sammlung enthält alle Elemente moderner Berichte, wobei allerdings die Ausgestaltung variiert. Im Mittelalter wurden etwas häufiger negativ-dämonische Visionen berichtet, die sich dann aber zumeist in positive verwandelten. Engel und Heilige werden öfter gesehen als verstorbene Verwandte. Die Berichte dienten zur Bekehrung und als Warnung vor den Folgen sündhaften Tuns. Sie waren hochgradig moralischer Natur. Hierzu ein typisches Beispiel aus der Sammlung Papst Gregors: »Er sagte – und die Sache ist seitdem vielen bekannt geworden –, es sei eine Brücke da gewesen, unter welcher ein schwarzer, düsterer Strom dahinfloss, der einen Nebel von unerträglichem Gestank ausdünstete. Über der Brücke waren freundliche, grünende Wiesen, mit wohlriechenden Blumengebüschen geziert, auf welchen weißgekleidete Menschen beisammen zu stehen schienen. Solcher

Wohlgeruch herrschte an jenem Ort, dass die daselbst Lustwandelnden und Wohnenden ganz davon erfüllt waren. Dort hatte jeder seine Wohnung von herrlichem Licht durchglänzt.«[35]

Ähnliche Visionen finden sich zuhauf in der mittelalterlichen Literatur.

In einem Selbstzeugnis des englischen Missionars Bonifatius heißt es: »Er sagte nämlich, dass er durch den Schmerz der heftigen Krankheit plötzlich der leiblichen Schwere entledigt gewesen sei. Und das sei vergleichsweise am ehesten so, wie wenn die Augen eines Sehenden und wachen Menschen mit einem völlig dichten Tuch verschleiert würden und das Tuch plötzlich weggenommen würde und dann alles klar wäre, was vor dem ungeschaut und verschleiert und unbekannt war. So sei ihm, als der Schleier seines irdischen Fleisches fiel, die ganze Welt insgesamt vor seinen Blicken gewesen. Und nach seinem Austritt aus dem Körper hätten ihn Engel von so intensiver Klarheit und Helle empfangen, dass er sie wegen der allzu großen Helligkeit überhaupt nicht anschauen konnte. Sie sangen mit fröhlichen und harmonischen Stimmen und erhoben mich hoch in die Luft.«[36]

Ein weiteres Beispiel aus der Merowingerzeit: »Von zwei Engeln wurde ich in die Himmelshöhe erhoben, sodass ich nicht nur diese schmutzige Welt, sondern auch Sonne und Mond, Wolken und Sterne unter meinen Füßen zu haben meinte. Dann wurde ich durch ein Tor, heller als dieses Licht, in jene Wohnstadt geführt, in der der ganze Boden wie von Gold und Silber strahlte, ein unaussprechliches Licht, eine unbeschreibliche Weite! Durch eine riesige Menge gelangten wir an einen Ort, über dem eine Wolke hing, heller als jedes Licht, und eine Stimme ging von dieser Wolke aus.«[37]

Grundsätzlich besteht die gemeinsame Grundstruktur der Sterbeerlebnisse aller Zeiten bis heute in dem Erlebnis der Trennung der Seele vom Körper. Die irdische Welt wird ver-

lassen und es erfolgt ein Übergang aus einer Dunkelheit oder einem Tunnel in eine Helligkeit. Die jenseitige Welt wird stets als ein Reich unterschiedlichster Welten dargestellt. Es kommt zu einer Begegnung mit Verstorbenen oder Lichtwesen. In den mittelalterlichen Darstellungen werden allerdings eher Heilige oder Glaubensfiguren wahrgenommen, wobei die Darstellung dämonischer Kräfte, die dem Erlebenden feindlich gesinnt sind, sehr ausgeprägt sind.
Die Begegnung mit dem Licht wird stets als beglückend, friedlich und Seeligkeit auslösend beschrieben. In allen Berichten wird betont, dass der Mensch für sein Leben selbst verantwortlich ist, was als Lebensrückschau oder Gerichtsszene geschildert wird. Die meisten wollen in der anderen Welt verbleiben, werden jedoch in ihren Körper zurückgeschickt.
Professor Peter Dinzelbacher schreibt in seiner Studie über die Sterbevisionen im interkulturellen Vergleich: »Tatsächlich gibt es auch kaum ein Detail in den modernen Sterbevisionen, das sich nicht auch in den mittelalterlichen auffinden ließe, sei es nun das Ertönen herrlicher Musik, die Schau jenseitiger Flüsse, die Silbermauer, die tiefe Friedensempfindung, die Aufhebung des normalen Zeiterlebens, die Unsagbarkeit des Geschauten usw.«[38]
Der einzige Unterschied zwischen den heutigen und den mittelalterlichen Phänomenen besteht in ihrer unterschiedlichen kulturspezifischen Interpretation. Im Mittelalter erwarteten die Menschen, Engeln oder Dämonen zu begegnen. Diese Vorstellungen waren das Thema von Predigten oder wurden auf Bildern oder Skulpturen dargestellt. Das Thema der jenseitigen Strafen dominierten die Lehren der Theologie jener Zeit, zumal der mittelalterliche Alltag geprägt war von heute kaum vorstellbarer Grausamkeit. Geringe Vergehen wie beispielsweise Diebstahl wurden durch das Abtrennen von Gliedmaßen oder der äußeren Sinnesorgane geahndet.
Daneben wütete die Pest in ganz Europa, und die Inquisition

trieb Millionen von Menschen in einen Teufelswahn. Nicht von ungefähr wurde das Mittelalter von Historikern als Epoche der Angst bezeichnet. Diese Angst war besonders ausgeprägt in den letzten Stunden auf dem Sterbebett. Dämonen und Teufel versuchten selbst dann noch, die Seele in die Hölle zu locken. Der Mensch erlebte auf seinem Sterbelager immer wieder neue Versuchungen. Typisch dafür ist ein Bericht aus dem 13. Jahrhundert: »Und als die Zeit herannahte, dass sie sterben sollte, da erschienen ihr unser Herr und unsere Frau und versicherten ihr, dass sie bestimmt nicht an eine Peinstätte kommen sollte. Und da versuchte der böse Geist, ob er nicht etwas ausrichten könne, und kam ganz grauenvoll zu ihr und erschien ihr so lang, dass sein Kopf bis an die Zimmerdecke reichte. Da erschrak sie aufs Heftigste.«[39]
In späteren Jahrhunderten verwies die katholische Kirche die Sterbevisionen in den Bereich der Privatoffenbarungen. Damit wurde die Bibel als das einzige Wort Gottes festgelegt und galt als abgeschlossene Offenbarung.

Mystik

Nahtoderfahrungen sind intensive spirituelle Erlebnisse, die in ihrem Kern mystischer Natur sind, vor allem, wenn von Verschmelzungen mit Gott berichtet wird. Mystik ist ein spontanes Erleben einer erweiterten Wirklichkeit, jenseits der begrenzten Alltagshorizonte. In der mystischen Erfahrung begegnet der Mensch einer Realität, die dem normalen Bewusstsein verborgen bleibt.
Im Angesicht dieser Realität finden sich Antworten auf den Sinn des Lebens und des eigenen Selbst, woher wir kommen und wohin wir gehen. Mystische Erfahrungen können von jedem Menschen gemacht werden, unabhängig von religiösen Überzeugungen oder Dogmen. In ihrem Kern ist Mystik ein

erweiterter Bewusstseinszustand, ähnlich wie er in den Nahtoderfahrungen erlebt wird. Jenseits unserer begrenzten sinnlichen Wahrnehmung wird eine allumfassende Liebe und eine kosmische Verbundenheit mit allem Sein erfahren.

Die großen christlichen Mystiker lebten häufig am Rande der anerkannten Normen und wurden wegen ihrer persönlichen Art und ihren Gottesvorstellungen verfolgt. Durch ihre Erfahrung, eine direkte Beziehung zu Gott zu haben, wurden sie von der Amtskirche als Bedrohung empfunden, die sich als einziges Bindeglied zum göttlichen Wissen betrachtete. Deshalb gehörte die Mystik nie zu den Hauptströmungen der Kirche.

Ob Hildegard von Bingen, Meister Eckardt, Mechthild von Magdeburg oder Jakob Böhme, immer geht es in ihren Schriften um das Einssein mit Gott. Jakob Böhme schrieb:
»In diesem Licht durchblickte mein Geist plötzlich alles. In jedem Geschöpf, sogar in Kräutern und Gräsern erkannte er Gott – wer er ist, und wie er ist und was sein Wille ist.«[40]

Gott ist in allem. Er ist alles und ist stets allgegenwärtig. Angela von Foligno schrieb: »Ich sah in allen Dingen nichts als die göttliche Macht, und dies auf eine Weise, die ganz unbeschreiblich ist, sodass meine Seele voller Staunen laut schrie: Diese ganze Welt ist erfüllt von Gott!«[41]

Jeder Mensch kann Gott selbst erfahren, da er in uns ist und wir in ihm. Wer den göttlichen Funken in sich selbst entdeckt, wird ein bewusster Teil der Ausdehnung des Göttlichen, das sich überall befindet und in jedem Menschen wohnt. Dahinter steht das Bestreben, sich mit dem hellen Licht des Göttlichen zu verschmelzen und sich doch des eigenen Selbst bewusst zu bleiben. Genau das wird immer wieder in den Nahtoderfahrungen beschrieben.

Die heilige Teresa von Avila erlebte sehr häufig ekstatische Zustände. Was sie hier beschreibt, ist identisch mit einer Nahtoderfahrung: »Es schien mir, ich sei in den Himmel entrückt;

und die ersten Personen, die ich da erblickte, waren mein Vater und meine Mutter.« Auch Teresa vergleicht ihre Erfahrungen mit dem Tod. Sie spricht häufig von dem Moment, da sich die Seele in einem Augenblick aus ihrem Gefängnis befreit und in Ruhe versetzt sieht. Und die Offenbarung so erhabener Dinge, die die Seele bei solchen Verzückungen schaut, scheint mir eine große Ähnlichkeit mit dem Scheiden der Seele aus dem Leib zu haben. Die Seele nimmt wahr, vertraut sie uns an, dass sie mit Gott vereint ist; und davon bleibt ihr eine solche Gewissheit, dass sie von diesem Glauben durchaus nicht lassen kann. Ich wusste nämlich nicht, dass Gott in allen Dingen ist, und es schien mir unmöglich, dass er mir so innig gegenwärtig sei, wie es mir vorkam.«[42]
Die authentische Stimme der Mystik lässt traditionelle Vorstellungen hinter sich und transzendiert Zeit und Raum. Das gleiche Zeugnis der ewigen Wahrheit des Lichtes überbringen uns Nahtoderfahrungen. Eine Frau, deren Hirntätigkeit während einer Hirnoperation ausgesetzt hatte, schreibt: »Es (das Licht) war innen und drumherum und ging überall hindurch. Es war das Licht, aus dem Heiligenscheine gemacht sind. Es ist der sichtbar gemachte Gott: innen, drumherum, überall.«[43]
Genau wie Teresa fühlt sich die Patientin eins mit Gott.

3. Kapitel

Die Entstehung der Sterbeforschung

Das Fünf-Phasen-Modell

1969, vor über vierzig Jahren, erschien das Buch »Interviews mit Sterbenden« der Schweizer Ärztin und Psychiaterin Elisabeth Kübler-Ross. Sie hatte es gewagt, jenseits aller damaligen Tabuisierungen von Sterben und Tod, sich direkt an die Betten von Sterbenden zu setzen. Es war ihr Verdienst, die psychischen und menschlichen Bedürfnisse von Sterbenden einer großen Öffentlichkeit verständlich zu machen. Dadurch avancierte sie zur Pionierin der Sterbeforschung und öffnete die Türen für eine wissenschaftliche Auseinandersetzung mit dem Sterben.

In ihrem berühmt gewordenen Buch »Interviews mit Sterbenden« beschreibt Elisabeth Kübler-Ross ein grundsätzliches Wissen über den Sterbeprozess, welches sie durch ihre persönlichen Beobachtungen und Erfahrungen mit Sterbenden entwickelte. Daraus entstand ihr Grundlagenmodell der fünf Phasen des Sterbens. Demnach durchläuft ein sterbender Mensch einen phasenhaften Prozess vom Nicht-Wahrhaben-Können bis zum Akzeptieren des herannahenden Todes. Jeder Sterbende sollte diese Akzeptanz erlangen, um in Frieden gehen zu können. Das klassische Modell der im Außen beobachtbaren Stadien des Sterbens beinhaltet folgende Komponenten:

1. Leugnen: Wenn ein Mensch mit einer tödlichen Diagnose konfrontiert wird, ist die erste Reaktion meistens ein Schockzustand. Der Betroffene wehrt sich gegen die ihn bedrohende Realität und will sie nicht wahrhaben. Er wird auf sich selbst

zurückgeworfen, und viele ziehen sich aus ihrer Umwelt zurück. Er stellt sich vor allem die Frage: Warum ich?
2. *Auflehnung und Zorn*: Wenn das Verdrängen aufgelöst wurde und die Tatsächlichkeit des bevorstehenden Todes bewusst wird, treten gewaltige Gefühle von Wut, Zorn, Hadern mit Gott und der Welt an die Oberfläche des Bewusstseins. Das drückt sich in aggressivem Verhalten, Nörgeln oder Kritisieren gegenüber der Umwelt aus. Der Sterbende ist in dieser Phase der aufbrechenden Emotionen unkalkulierbar und schwierig.
3. *Verhandeln*: Aus dem wütenden Patienten wird ein angenehmer, umgänglicher Mensch, der hofft, noch einiges erreichen zu können, und Unerledigtes in Angriff nimmt. Dabei verhandelt der Sterbende mit sich und seinem Schicksal. Das zeigt sich in Äußerungen wie z.B.»Wenn ich das noch erleben darf, bete ich regelmäßig.«
4. *Depression*: Irgendwann begreift der Sterbende, dass sein endgültiger Abschied von dieser Welt unabwendbar ist. Er weiß nun, dass er sterben wird, und er begreift, dass er alles hinter sich lassen muss, was ihm im Leben wichtig war. Das ist traurig und führt bei vielen Sterbenden zu einer tiefen Niedergeschlagenheit bis hin zur Depression.
5. *Annahme*: Wer die Höhen und Tiefen des Sterbeprozesses durchlaufen hat, erreicht am Ende Ruhe und Zufriedenheit. Der eigentliche Sinn des Sterbeprozesses besteht darin, dass der Betreffende seinen Tod annehmen und akzeptieren kann. Wenn das erreicht wird, kann er in Frieden sterben.
Es zeigte sich in der Praxis der Sterbebegleitung, dass die Kenntnis des Fünf-Phasen-Modells praktisch und wirksam über die Jahrzehnte neue Einsichten in den Sterbeprozess hervorbrachten. Verschiedene Autoren versuchten, die Entdeckungen von Kübler-Ross infrage zu stellen oder umzudefinieren. Vor allem wurde ihr vorgeworfen, ihr Modell sei zu schematisch.

Im Alltag der Begleitung sterbender Menschen ist das Wissen um diese Stadien eine Grundvoraussetzung geworden. Letztlich verweisen sie uns darauf, möglichst schon im Hier und Jetzt die unerledigten Dinge unseres Lebens zu bereinigen.
In dem historischen Kontext der Sechzigerjahre war der Tod das große Rätsel, über das nicht gesprochen wurde, nach dem Motto: »Denke nicht an den Tod, sonst holt er dich vor der Zeit!« Sterbende hatten damals keine Identität. Kübler-Ross verhalf durch ihre Arbeit dazu, den inneren Menschen auch im Sterben sichtbar werden zu lassen.
Jeder Sterbeprozess weist seine eigene Dynamik auf. Sterben ist niemals ein gradliniges Geschehen. Die einzelnen Phasen sind miteinander und ineinander verwoben. Deswegen werden von manchen nicht alle Phasen erlebt, da sie in ihren unerledigten Themen steckenbleiben.
Die letzte Lebensspanne ist für viele eine Phase der Veränderung, der inneren Wandlung und des Neubeginns. Jeder Einzelne durchläuft dabei seinen ganz persönlichen Prozess. Deswegen sind die Stadien nicht immer direkt bemerkbar oder erscheinen gar als sprunghaft. Sie sind Ausdruck einer Veränderung der persönlichen Einstellung sich selbst gegenüber und vor allem des Annehmen-Könnens des bevorstehenden Todes. Das Hin- und Herpendeln der Gefühle des Sterbenden ist immer mit dem Prozess verknüpft, zu einem seelischen Einverständnis zu gelangen, sterben zu müssen. Das ist vor allem abhängig von der Aufarbeitung persönlicher unerledigter Probleme.
Dazu gehört all das, was wir zu sagen oder zu tun versäumt haben, Gefühle, die wir nicht beachtet oder ignoriert haben, die Schuldgefühle, der Schmerz nicht verarbeiteter Verluste, was sich oft in Wut oder Zorn ausdrückt.

Die Verbreitung der Hospizidee

In den nachfolgenden Jahren des öffentlichen Wirkens von Elisabeth Kübler-Ross trugen ihre Erkenntnisse über die Bedürfnisse Sterbender weltweit zur Verbreitung des Hospizgedankens bei.
Die Hospizidee beinhaltet ein ganzheitliches Unterstützungs- und Betreuungskonzept für Sterbende und deren Angehörige. Ziel und Inhalt der Sterbebegleitung sind die Wünsche und Bedürfnisse des Sterbenden. In diesem Zusammenhang wird von den vier Kernbedürfnissen gesprochen, die den vier Dimensionen des menschlichen Lebens entspringen: der sozialen, der physischen, der psychischen und der spirituellen Dimension. Die Erfüllung der Kernbedürfnisse sind in der Hospizarbeit eine Grundvoraussetzung und lassen sich folgendermaßen zusammenfassen:
1. In Würde und Selbstbestimmung nicht allein, sondern in der Anwesenheit geliebter Menschen an einem vertrauten Ort zu sterben (sozial).
2. Keine Schmerzen oder andere beeinträchtigenden Symptome erleiden zu müssen (physisch).
3. In Ruhe und Frieden alle wichtigen letzten Dinge erledigen zu können (psychisch).
4. Die eigenen spirituellen Dinge leben zu können – unabhängig von der jeweiligen religiösen Überzeugung. Das beinhaltet die Auseinandersetzung mit dem eigenen Tod ebenso wie mit dem Leben danach (spirituell).
In einem Hospiz ist eine kontinuierliche Erreichbarkeit der Mitarbeiter gewährleistet, die sich ebenfalls um die Nachbetreuung der Angehörigen in der Trauersituation kümmern.
Für den heutigen Leser mag es schon als selbstverständlich gelten, dass ambulante und stationäre Hospize in fast jedem Ort eingerichtet wurden. Ende der Sechzigerjahre freilich war das noch ein weit entferntes Ziel. Damals wurden Sterbende

in isolierte Räume oder Badezimmer abgeschoben. Elisabeth Kübler-Ross brachte die Belange Sterbender in ihren weltweiten Vorträgen und Workshops an die Öffentlichkeit. Durch ihren persönlichen Einsatz wurde sie die Gallionsfigur der Sterbeforschung und hat das Thema aus den Tabuzonen der Verleugnung für immer herausgeholt.

Kübler-Ross gab sich mit ihrer Pionierleistung nicht zufrieden, ein neues Bewusstsein im Umgang mit Sterbenden zu schaffen. Durch ihre persönlichen Erfahrungen an den Sterbebetten wuchs ihre spirituelle Bewusstheit. Dadurch brachte sie den Mut auf, auch die feinstofflichen Prozesse des Sterbeprozesses anzusprechen. Das führte in den Siebzigerjahren dazu, dass sie von vielen ihrer Wissenschaftskollegen verleumdet und denunziert wurde, weil sie es als Ärztin wagte, öffentlich über das Fortleben nach dem Tod, Nahtoderfahrungen oder Sterbebettvisionen zu berichten. Das Thema war so viele Jahre tabuisiert und verdrängt worden, dass zahlreiche Kollegen ihre Aussagen als unseriös und unwissenschaftlich betrachteten.

Während dieser Zeitspanne widmete sich Kübler-Ross der Begleitung sterbender Kinder. Sie hielt Vorträge über ihre spirituellen Erfahrungen und sprach selbst mit Tausenden Patienten über deren außerkörperliche oder todesnahen Erlebnisse.

Widerstände

Mitte 1984 bezog sie ihr neues Therapiezentrum *Healing Waters* in Virginia. Kübler-Ross plante die Eröffnung eines Hospizes für aidskranke Babys, was auf einen enormen Widerstand der ortsansässigen Bevölkerung stieß. Hier wollte sie auch ihren Lebensabend verbringen. Im Oktober 1994 setzten christliche Fanatiker ihre Farm in Brand und erschos-

sen ihre Tiere. Ihr gesamtes Hab und Gut wurde dabei zerstört.
Nach diesem Schicksalsschlag brachte ihr Sohn Kenneth sie nach Phönix, Arizona, wo sie sich ein Haus in der Wüste kaufte, in der Nähe der Indianerreservate. Am 13. Mai 1995 zog sie in ihr neues Heim und erlitt am selben Tag einen schweren Schlaganfall. Sie war lange Zeit völlig bewegungsunfähig, hatte außerordentlich große Schmerzen und wurde über Monate in verschiedenen Kliniken behandelt.

Warten auf den Tod

Später erlitt sie fünf weitere Schlaganfälle und wartete seit 1995 sehnsüchtig auf ihren Tod, der sich allerdings nicht einstellen wollte. 1997 veröffentlichte Elisabeth Kübler-Ross ihre viel beachtete Autobiografie »Das Rad des Lebens«. Auf den letzten Seiten schreibt sie über ihre schwerste Aufgabe, geduldig zu sein.

»Sie ist mir nicht geschenkt worden, diese letzte Aufgabe der Geduld. Mein einziger Wunsch ist es, meinen Körper zu verlassen, um endlich mit dem großen Licht zu verschmelzen. Meine Geistführer haben mich immer wieder darauf hingewiesen, wie wichtig es für mich sei, mir die Zeit zum Freund zu machen. Ich weiß, dass der Tag, an dem mein Leben in dieser Form und in diesem Körper zu Ende geht, der Tag sein wird, an dem ich jene Form an Hingabe gelernt habe.«[44]

Einerseits lebte die große Sterbeforscherin allein in ihrem Haus und ließ kaum Hilfe von anderen zu, andererseits entstanden in ihren letzten Lebensjahren Fernsehporträts und Interviews in vielen Zeitschriften. Anfang 2003 kam sogar ein Film über ihr Leben zunächst in die Schweizer Kinos, der dann in ganz Europa gezeigt wurde. Der Filmemacher Stefan Haupt titelte seinen Film »Elisabeth Kübler-Ross – Dem Tod ins Gesicht sehen.« Dadurch hat sie noch in ihren letzten Lebensjahren ihr Sterben öffentlich gemacht.

Die Ärztin war immer eine Rebellin gewesen und ein Arbeitstier. Sie konnte ihren Zustand nicht akzeptieren, der sie zwang, von anderen Menschen Hilfe annehmen zu müssen. Viele ihrer zahlreichen Anhänger verstanden nicht, warum ausgerechnet diese Frau, die Sterben und Tod öffentlich gemacht hatte, so sehr leiden musste. Noch mehr beschäftigte sie die Frage, warum sie einen so schweren Sterbeprozess erleben musste und deswegen so kompromisslos voll Wut und Zorn war.

Annehmen können

So wartete sie viele Jahre vergeblich auf ihren Tod. Sie äußerte sich darüber in ihrem posthum erschienenen Buch »Dem Leben neu vertrauen.«

»Ich habe noch zwei Lektionen zu lernen, Geduld und das Annehmen von Liebe. Die letzten neun Jahre haben mich Geduld gelehrt, und je schwächer und bettlägeriger ich werde, desto mehr lerne ich, Liebe anzunehmen. Ich habe mein Leben lang andere genährt, aber selten zugelassen, dass andere mich nähren. Ich weiß aber, dass Gott einen Plan hat. Ich weiß, dass er bestimmt hat, wann es für mich Zeit ist, und wenn diese Zeit kommt, werde ich ja sagen. Dann werde ich meinen Körper hinter mir lassen wie einen Kokon, der sich in einen Schmetterling verwandelt. Ich werde selbst erfahren, was ich so viele Jahre andere gelehrt habe.«[45]

Elisabeth Kübler-Ross starb am 24. August 2004. Sie war umgeben von ihr nahestehenden Menschen, ihren Kindern und

Enkelkindern. Sie hatte ihren Frieden gefunden und starb einen ganz gewöhnlichen Tod.

Das Leben und Sterben von Elisabeth Kübler-Ross zeigt, dass jeder Mensch durch seinen eigenen Sterbeprozess hindurchgehen muss. In diesem Sinne war es ihre letzte große Aufgabe, allen Menschen diese Grundtatsache angesichts ihres langen Wartens auf den eigenen Tod noch einmal durch eigenes Vorleben zu vermitteln. Die große Lebensleistung von Elisabeth Kübler-Ross bleibt es, Tod und Sterben enttabuisiert zu haben, damit wir ihm ohne Angst ins Gesicht sehen können. Alles, was geschieht, hat einen tieferen Sinn, sogar ein langes Warten auf den Tod.

Die Geburtsstunde der Sterbeforschung

Aus diesen bahnbrechenden Einsichten über den Sterbeprozess und den Todesnähe-Erlebnissen erwuchs ein weltweites wissenschaftliches Interesse, dem Geheimnis von Sterben und Tod auf die Spur zu kommen. Zahlreiche Forscher gingen dabei von der Annahme aus, die Aussagen von Kübler-Ross und Moody widerlegen zu können. In Wirklichkeit war das die Geburtsstunde der empirischen Sterbeforschung und führte Ende der Siebzigerjahre zur Gründung der *International Association for Near-Death-Studies* durch den Universitätsprofessor und Psychiater Kenneth Ring.

Erstmalig wurden hier Daten aus unterschiedlichen Wissenschaftsbereichen über die Nahtoderfahrung zusammengetragen. Bis heute entstand dadurch das größte Archiv über interkulturelle Todesnähe-Erlebnisse.

Seither wurden unzählige Studien über alle Aspekte der Nahtoderfahrungen weltweit veröffentlicht. Der Kinderarzt Melvin Morse untersuchte die Sterbeerfahrung von Kindern und beschrieb in einer Transformationsstudie die Auswirkungen auf deren Leben. Kenneth Ring und Sharon Cooper veröffentlichen 1999 eine Studie, in denen ausschließlich kongenial Blinde befragt wurden. Das Fazit: Außerhalb ihres Körpers verfügten sie über eine Geistsicht, die es ihnen ermöglichte, selbst Farben zu unterscheiden und wahrzunehmen. Den beiden folgenden Beispielen können Sie entnehmen, dass ihre Beobachtungen unmöglich das Resultat sinnlicher Wahrnehmungen oder einer funktionierenden Hirnrinde sein können.

»Ich sah wirklich die leuchtendsten Farben – was besonders erstaunlich war, da ich farbenblind bin. Die Primärfarben kann ich zwar auseinanderhalten, aber Pastelltöne sehen für mich alle gleich aus. Damals konnte ich sie plötzlich doch unterscheiden, sogar in vielfältigen Nuancen. Fragen Sie mich nicht nach den Namen, die kenne ich nicht, denn damit habe ich keine Erfahrung.«[46]

In einem anderen Fall der Studie von Kenneth Ring und Sharon Cooper schildert Vicki das Folgende sehr erstaunliche Erlebnis:

»Ich habe niemals auch nur das Geringste gesehen, kein Licht, keinen Schatten – überhaupt nichts. Und in meinen Träumen habe ich keine visuellen Eindrücke. Zunächst kann ich mich daran erinnern, dass ich im Harbour View Medical Centre war und auf alles hinabschaute. Es war beängstigend, denn ich war es nicht gewohnt, etwas visuell wahrzunehmen. Aber dann erkannte ich meinen Ehering und mein Haar. Und ich dachte: Ist das mein Körper da unten? Bin ich etwa tot? Ich beschloss, fortzugehen. Ich wusste auch, wohin ich unterwegs war. Als ich mich diesem Gebiet näherte, waren Bäume, Vögel und viele Menschen dort, aber sie wirkten wie Lichtgebilde. Es war unglaublich, wirklich fantastisch, ich war über-

wältigt von dieser Erfahrung, denn schließlich hatte ich nie eine Vorstellung davon gehabt, was Licht eigentlich ist.«[47]
Bis in die späten Neunzigerjahre waren die Forschungen vor allem retrospektiver Natur, d. h. die Befragungen von Erlebenden fanden häufig erst viele Jahre später statt. Pim van Lommel, Sam Parnia und Bruce Greyson führten über längere Zeiträume in den letzten Jahren prospektive Studien durch, d. h. Menschen wurden auf kardiologischen Intensivstationen unmittelbar nach einem Herzstillstand über ihre Erlebnisse befragt. Dabei verfügten die Forscher über das Wissen aller Hintergründe der jeweiligen Erkrankung und auch über mögliche Medikamenteneinnahmen; außerdem wurden die Gehirnströme während des klinischen Todes dokumentiert. Diese Untersuchungen zeigten in aller Deutlichkeit, dass die üblichen Erklärungen über Nahtoderfahrungen nicht stimmen konnten. Sie traten nicht aufgrund absterbender Gehirnzellen oder aufgrund der Veränderung der Blutzufuhr auf. In dem Moment, wo es keine Gehirnfunktion mehr gibt, wie ein flaches EEG aufzeigt, weisen die Betroffenen Bewusstsein, Wahrnehmungs- und Erinnerungsvermögen auf. In seinem 2009 erschienenen Buch »Endloses Bewusstsein. Neue medizinische Fakten zur Nahtoderfahrung« resümiert Pim van Lommel seine Erkenntnisse:

»Wissenschaftliche Studien zum Phänomen NTE machen uns die Grenzen unserer heutigen medizinischen und neuro-physiologischen Vorstellungen von den unterschiedlichen Aspekten des menschlichen Bewusstseins und der Beziehung des Gehirns zu Erinnerung und Bewusstsein deutlich. Nach dem heute geltenden Paradigma werden Erinnerung und Bewusstsein von großen Neuronengruppen oder neuronalen Netzen erzeugt. Da sich die Ursache und der Inhalt einer NTE jedoch durch die zuvor genannten Theorien nicht beweisen lassen, muss das bisher allgemein anerkannte, aber nie bewiesene Konzept einer Lokalisation des Bewusstseins im Gehirn offenbar zur Diskussion gestellt werden.«[48]

Was hier höchst wissenschaftlich zum Ausdruck gebracht wird, ist nichts anderes als die Erkenntnis, dass Bewusstsein unabhängig vom Körper existiert. Das belebende Prinzip des Menschen liegt außerhalb seines Körpers. Wir haben eine Seele, die uns sanft am Ende unseres Lebens hinüberbegleitet in die andere Welt. Das Leben nach dem Tod ist lediglich ein anderer Zustand unseres Bewusstseins.

4. Kapitel
Die aktuelle Sterbeforschung

Belege für ein Leben nach dem Tod

Im Frühjahr 2010 erschien in Amerika das Buch des onkologischen Radiologen Jeffrey Long »Beweise für das Fortleben nach dem Tod. Die Wissenschaft der Nahtoderfahrungen«, das sich rasch zu einem landesweiten Bestseller entwickelte. Dabei handelte es sich um nichts Geringeres als die umfassendste Nahtodstudie, die bislang durchgeführt worden ist. Sämtliche bisherigen Forschungen fußen auf der Auswertung von 50 bis maximal 300 Nahtoderlebnissen. Longs Buch umfasst die Auswertung von 1600 Fällen, wodurch er nicht nur die Realität und Wahrheit der Nahtoderfahrungen bestätigt, sondern sichere Beweise für das Leben nach dem Tod vorlegt. Jeffrey Long und seine Frau Jody sammelten seit 1998 auf ihrer Website »Near Death Experience Research Foundation« (www.nderf.org) Tausende von Fallbeispielen auf der ganzen Welt. Das Archiv der gesammelten Fallbeispiele ist heute die größte Datenbank über Nahtoderfahrungen. Sie ist für jedermann zugänglich und wird von Forschern auf der ganzen Welt genutzt.
In dieser Studie wurden alle Elemente der Nahtoderfahrung ausgewertet und auf ihre Übereinstimmung mit anderen verglichen. Menschen in Todesnähe berichten übereinstimmend über Gotteserfahrungen, das Leben nach dem Tod, über die Wichtigkeit der Liebe, über die Gründe unserer Erdenexistenz, über Vergebung und irdische Stolpersteine. Das bestätigt den größeren geistigen Gesamtzusammenhang, in den wir als Menschen eingebunden sind. Die übereinstim-

menden Aussagen der Erlebenden belegen die Universalität des Übergangs in die andere Welt. Die bewegenden Erfahrungen über den tieferen Sinn unseres Lebens sind auf der ganzen Welt ähnlich und unterscheiden sich dennoch vom jeweils vorherrschenden religiösen Glauben oder sozialen oder kulturellen Vorstellungen sowie von allem anderen irdischen Wissen.

Ein wesentlicher Aspekt ist beispielsweise, dass in keinem der dokumentierten Fälle von Erfahrungen früherer Leben die Rede ist, was zumindest in Asien oder Indien sehr erstaunlich ist, da die Wiedergeburt ein fester Bestandteil des Glaubenssystems darstellt.

Die Nahtoderlebnisse bezeugen eine alle Menschen verbindende Geistigkeit. Wir kommen aus der einen Quelle und sind dadurch mit allem anderen Sein verbunden. Das beweist die geistige Natur des Menschen.

Wenn wir wirklich verstehen wollen, was mit uns geschieht, wenn wir sterben, dann sind Berichte von Menschen, die die Todeslinie überschritten haben, außerordentlich hilfreich und wertvoll. Wenn wir diesen Menschen sorgfältig zuhören und die unterschiedlichen Berichte auf ihre Kernaussage hin vergleichen, können wir wissen, was mit uns im Moment des Todes geschieht. Diese Vorgehensweise ist gleichzeitig eine der wichtigsten wissenschaftlichen Grundlagen: Was wahr ist, zeigt sich beständig immer wieder durch unterschiedliche Beobachtungen.

Ich möchte nun die wesentlichen Erkenntnisse und Einsichten von Dr. Jeffrey Long mit anderen Studien vergleichen. Dabei wird die Tatsache eines Lebens nach dem Tod offenbar. Das wird vielen Skeptikern nicht gefallen, da viele Menschen immer noch glauben, dass NTEs allenfalls luzide Träume oder Halluzinationen sind, ohne jeden Wirklichkeitsgehalt.

Die Argumente, dass NTEs ausgelöst werden durch Sauerstoffmangel im Gehirn oder die Endorphinausschüttung ursächlich ist für die Glücksgefühle der Betroffenen oder dass es sich bei dem Licht um einen krampfhaften Reflex des Sehnervs handelt, der zum Zeitpunkt des Todes auf den Netzgefäßen verbleibt, sind durch zahlreiche medizinische Studien der letzten Jahre längst widerlegt worden.

1. Wahrnehmungen trotz tiefer Bewusstlosigkeit

Es ist medizinisch unerklärbar, dass Menschen während einer tiefen Bewusstlosigkeit oder beim klinischen Tod klare und lebhafte Wahrnehmungen von Ereignissen oder Personen haben können. Darüber hinaus wird eine Kontinuität des subjektiven Ich-Bewusstseins erlebt. Sobald das Herz aufgehört hat zu schlagen, fließt kein Blut mehr in das Gehirn des Menschen. Die Blutzufuhr, die für die bewusste Wahrnehmung notwendig ist, endet nach ca. 10 bis 20 Sekunden. Wenn die Gehirnaktivität aufhört, zeigt sich auf dem EEG die Null-Linie. Stattdessen berichten die Menschen mit einer NTE darüber, viel bewusster und lebendiger als je zuvor gewesen zu sein. In einem Beispiel von Kenneth Ring heißt es:

»Von da an spürte ich meinen Körper nicht mehr. Ich war nur noch Bewusstsein. Und dieses enorme helle Licht schien mich einzuhüllen. Ich schien nur noch in ihm zu existieren und ein Teil von ihm zu sein und von ihm genährt zu werden.«[49]

Ein anderer berichtet:

»Mir wurde klar, dass Leben Bewusstheit ist – dieses Bewusstsein, das hinter unserer Persönlichkeit steht, war immer da und wird immer sein. Ich weiß jetzt, dass der Sinn des Lebens nichts mit mir, mit meinem kleinen Ich zu tun hat. Das Leben besitzt seinen eigenen Sinn. Mir wurde klar, dass es weiter strömen wird, wie auch ich weiter bestehen werde. Und eine heitere Ruhe erfüllte mich.«[50]

2. Erfahrungen unter Narkose

Im obigen Beispiel ist von einer Klarheit des Bewusstseins und der Erkenntnis des tieferen Sinns des Lebens die Rede, während sich gleichzeitig die Ärzte um den Mann bemühen in einer OP am offenen Herzen. Er befindet sich zu diesem Zeitpunkt in tiefer Narkose und absoluter Bewusstlosigkeit. Medizinisch gesehen kann ein Mensch in diesem Zustand unmöglich bewusste Wahrnehmungen haben. Und doch werden Nahtoderfahrungen unter stärkster Betäubung sowie auch im künstlichen Koma erlebt. Wer die Todeslinie überschreitet, erlebt, sobald der Körper hinter sich gelassen wurde, nicht nur Frieden und Schmerzfreiheit, sondern einen erweiterten Bewusstseinszustand. Die Betroffenen haben klare und deutliche optische Wahrnehmungen, die von den amerikanischen Kardiologen Dr. Michael Sabom als *autoskopische Sterbeerlebnisse* bezeichnet wurden.
Sabom veröffentlichte Anfang der Achtzigerjahre eine entsprechende medizinische Untersuchung unter dem Titel »Erinnerung an den Tod«. In dem folgenden Beispiel schildert ein Mann seine Wiederbelebung nach einem Herzstillstand:

»Es war fast so, als ob ich abgetrennt war, auf der Seite stand und alles beobachtete, nicht als Beteiligter, sondern als unbeteiligter Zuschauer. Sie hoben mich hoch und legten mich auf das Sperrholz. Dann fing Dr. A. mit der Herzmassage an. Ich bekam Sauerstoff durch einen dieser kleinen Nasenschläuche, den nahmen sie mir dann aber raus und setzten mir eine Maske auf, so eine, die Mund und Nase bedeckt. Sie funktionierte irgendwie mit Druck. Ich erinnere mich noch daran, dass sie den Wagen ranfuhren, auf dem der Defibrillator stand, das Ding mit den Elektroden. Er hatte einen Zähler, der war quadratisch und hatte zwei Zeiger. Der eine stand still und der andere schlug aus ...«[51]

Die autoskopische Beobachtung dieses Mannes ist außerordentlich detailliert beschrieben. Von einem Ort außerhalb seines psychischen Körpers konnte dieser Mann alle Vorgänge der Wiederbelebung genauestens beschreiben. Es gibt Tausende von nachgewiesenen Fällen, in denen Menschen während einer OP ähnliche Wahrnehmungen gehabt haben.

3. Verifizierung der Aussagen nach einer außerkörperlichen Erfahrung

Alles, was Menschen während einer Nahtoderfahrung sehen oder hören, ist real. Die Sterbeforschung hat in den letzten 40 Jahren millionenfach die Beobachtungen und Aussagen von Menschen während einer außerkörperlichen Erfahrung verifizieren können. Die Betroffenen nehmen Dinge wahr, die sich weit entfernt von der Lage des Körpers ereignen, und haben auch akustische Wahrnehmungen.
Wenn wir uns wirklich mit diesen Dingen auseinandersetzen wollen, ist es wichtig, zu beachten, dass sich die Betroffenen zum Zeitpunkt ihrer Erfahrung an einer Unfallstelle oder im Operationssaal befinden.
Eine Frau erlebte während einer Operation einen Herzstillstand. Sie berichtete mir nach einem Seminar Folgendes:

»Zunächst befand ich mich in einer Ecke des Operationssaals. Ich konnte hören, wie der Arzt schrie: ›Wir verlieren sie!‹, und wie sie anfingen, auf meinen Brustkorb einzuschlagen, aber das berührte mich nicht. Ich bemerkte, dass ich überall hinsehen konnte, woran ich gerade dachte. Ich konnte mich von meinem Körper wegbewegen, einfach als Gedankenprozess. Ich dachte an meine Familie und befand mich augenblicklich im Warteraum. Mein Mann und die Kinder waren völlig verstört. Mein Sohn trug eine große Sonnenbrille, die ich noch nie an ihm gesehen hatte. Auf dem Tisch stand eine verblasste weiße Plastikrose. Dann wurde ich in meinen Körper zurückgezogen. Als ich meine Familie auf meine Beobachtung ansprach, waren sie sehr überrascht. Heute weiß ich, dass die Seele unabhängig vom Körper ist.«

Gegenwärtig entsteht eine der größten medizinischen Studien über bewusste Wahrnehmungen während eines Herzstillstandes. Unter der Leitung des Kardiologen Sam Parnia werden an der Universität von Southampton in England die außerkörperlichen Erfahrungen von 1500 Personen ausgewertet. Die Forscher haben Bilder im Operationssaal angebracht, die nur von der Decke her gesehen werden können. Die sogenannte *AWARE-Studie* entsteht in Zusammenarbeit mit den größten medizinischen Zentren der Welt. Auf die Ergebnisse darf man gespannt sein.

4. Details der Lebensrückschau

Die Lebensrückschau ist der konkrete Ablauf des Lebens, wie ihn die Betroffenen tatsächlich erlebt haben. Dabei werden zahlreiche Einzelheiten wiedererlebt, welche die Menschen längst vergessen hatten. Darüber hinaus werden die Auswirkungen auf andere Personen erkannt. Das ist ein Zuwachs an Wissen, das den Beteiligten vorher nicht zugänglich war. All unsere Gedanken, Worte und Taten haben eine Konsequenz. Sie sind niemals folgenlos und werden uns als Film präsentiert. Das ist kein einfacher Prozess. Im folgenden Beispiel sieht Mark echte Ereignisse seines Lebens, als wären es Szenen eines Films, der über ihn gedreht wurde. Er fühlt nun, wie sich andere durch seine Handlungen gefühlt haben. Der Lebensrückblick ist stets verbunden mit echter Selbsterkenntnis.

»Es war eine buchstäbliche Lebensrückschau. Ich würde sie als Sequenzen von Gefühlen beschreiben, die durch zahlreiche Taten meines Lebens ausgelöst wurden. Es war nicht nur, dass ich all meine Gefühle noch einmal erlebte, sondern ich spürte empathische Gefühle derer, mit denen ich im jeweiligen Lebensabschnitt zusammen gewesen war, und auch die Auswirkungen meiner Handlungen. Ich fühlte, was andere über mein Leben fühlten.«[52]

Insofern wird eine Lebensrückschau nicht nur als angenehm empfunden. Es wird uns dabei auch ein spiritueller Begleiter zur Seite gestellt, der allerdings niemals urteilt, unabhängig davon, wie wenig liebevoll wir bis zu diesem Zeitpunkt gewesen sein mögen. Das Lichtwesen ist kein strenger Richter, sondern ein verständnisvoller Berater. Wir spüren die Schmerzen und die Freude, die wir bei anderen ausgelöst haben. Dannion Brinkley beschreibt das so:
»Das Lichtwesen hüllte mich ein und in diesem Augenblick begann mein ganzes Leben an mir vorüberzuziehen. Ich fühlte und sah alles, was mir jemals begegnet war. Diese Rückschau auf mein Leben war nicht angenehm. Von Anfang bis Ende war ich mit der unerträglichen Tatsache konfrontiert, dass ich ein unangenehmer Zeitgenosse gewesen war, ein egoistischer und böser Mensch.
Das Erste, was ich sah, war meine aggressive Kindheit. Ich sah mich selbst, wie ich andere Kinder quälte, ihre Fahrräder stahl und ihnen die Schule zur Hölle machte. Eine der lebhaftesten Szenen war, wie ich ein Kind in der Grundschule

hänselte, weil es einen Kropf hatte. Die anderen Kinder in meiner Klasse hänselten es ebenfalls, aber ich war der Schlimmste. Damals hielt ich mich für witzig. Als ich aber dies wiedererlebte, war ich in seinem Körper und verspürte den Schmerz, den ich ihm zufügte.«[53]

5. Todesnähe-Erlebnisse von Kindern

Die Nahtoderfahrungen von Kindern und die in ihnen geschilderten Merkmale bestätigen die Aussagen der Erwachsenen. Kleinkinder bis zu fünf Jahren haben keine vorgefassten Meinungen über den Tod, da sie noch keine Vorstellungen davon haben. Viele Skeptiker glauben, dass die Verbreitung von Nahtoderfahrungen durch Filme, Bücher oder Talk-Shows Menschen beeinflusst. Durch dieses Vorwissen würden sich Erwartungshaltungen oder Wunschvorstellungen herausbilden. Das würde nichts anderes bedeuten, als dass die Kultur eines jeweiligen Landes Nahtoderfahrungen beeinflusst.
All diese vermeintlichen kulturellen Prägungen treffen auf Kleinkinder nicht zu. Die wissenschaftliche Erforschung kindlicher Todesnähe-Erlebnisse haben offenbart, dass sie in ihrer kindlichen Unbefangenheit genau das erzählen, was sie tatsächlich erlebt haben. Die Sterbeerlebnisse von Kindern sind einfacher, direkter und reiner als die von Erwachsenen, die häufig das Erlebte subjektiv einzuschätzen versuchen. Kinder verschweigen nichts, noch fügen sie etwas hinzu, und sie verlieren sich nicht in Einzelheiten.
Der Kinderarzt Melvin Morse führte in Seattle über zehn Jahre eine systematische Untersuchung über Nahtoderfahrungen von Kindern durch. Dabei zeigte sich, dass die Nahtoderfahrungen von Kindern als zeitloses Erleben für immer in ihrer Erinnerung eingebrannt sind.

Im folgenden Fall erinnert sich eine junge Frau von zwanzig Jahren minutiös an ihr Erleben, das sie mit acht Jahren hatte.

»Ich erinnere mich nur noch daran, dass mein Haar im Abfluss hängen blieb und ich das Bewusstsein verlor. Danach spürte ich, wie ich aus meinem Körper glitt. Ich sah, dass ich unter Wasser lag, hatte aber keine Angst. Urplötzlich schritt ich einen Tunnel hinauf, und bevor ich mich versah, stand ich im Himmel. Ich wusste, dass dies der Himmel war, weil alle Dinge strahlten, und alle Leute fröhlich waren. Ein freundlicher Mann fragte mich, ob ich bleiben wolle. Ich spielte mit dem Gedanken, ehrlich. Aber dann antwortete ich: Ich möchte bei meiner Familie bleiben, und kehrte zurück.«[54]

Todesnähe-Erlebnisse von Kindern bestätigen das bisher erforschte Wissen. Allerdings fehlt bei Kindern bis vier Jahren die Lebensrückschau. Bei älteren Kindern ab sechs Jahren spielt sie mitunter schon eine Rolle, da sich bestimmte Charaktermerkmale bereits herausgebildet haben. So heißt es dazu in einem Bericht:

»Ich erinnere mich an einen speziellen Vorfall in dieser Rückschau, nämlich dass ich als Kind meiner kleinen Schwester das Osterkörbchen wegriss, weil darin ein Spielzeug lag, das ich selbst wollte. Doch im Rückblick empfand ich ihr Gefühl der Enttäuschung und des Verlustes und der Ablehnung.«[55]

Die Sterbeforschung hat nachgewiesen, dass Kinder von Natur aus offen für paranormale Ereignisse sind. Dabei sind kleine Kinder übersinnlich veranlagt: Der Zustand der Unschuld ist offenbar gleichbedeutend mit paranormalen Fähigkeiten. Deswegen zählen die Nahtoderfahrungen von Kindern zu den überzeugendsten Beweisen der Forschung. Einige dieser Kinder kehrten mit sehr wichtigen Informationen aus dem Licht zurück.

In den Berichten werden sehr häufig Verstorbene erwähnt, die den Kindern unbekannt waren, da sie schon vor ihrer Geburt verstorben waren.

Emily erzählte der australischen Forscherin Cherie Sutherland von ihrer NTE, die sie mit fünf Jahren erlebte:

»Ich erinnere, Onkel Frank gesehen zu haben. Später erzählte ich das meiner Mutter. Und meine Mutter war ganz schön geschockt. Oma auch, als ich es ihr sagte. Ich hatte sein Foto nie zuvor gesehen. Ich hatte nie etwas von Onkel Frank gehört. Ich wusste einfach den Namen. Das war meiner Oma richtig ungeheuerlich und mir auch.«[56]

Kinder treffen nach einer Nahtoderfahrung immer wieder Aussagen über nachprüfbare Informationen, die sie nicht wissen konnten. Vivien wäre mit drei Jahren fast an einem schweren Fieberanfall gestorben. Sie befand sich außerhalb ihres Körpers und schwebte in den Himmel.

»Dann hörte ich in meinem Kopf eine Frauenstimme mit einer Art Lächeln darin. Ich drehte mich um und sah auf einer kleinen Wolke eine Frau mit ausgebreiteten Armen. Ich warf mich hinein, und sie drückte mich. Es war die vollkommenste Liebe und Trost. Irgendwie wusste ich, dass sie Rita hieß und dass sie meine Tante war, obwohl ich nie zuvor von ihr gehört hatte. Sie tanzte mit mir auf der Wolke und erzählte mir, dass sie von einem Insekt gestochen worden war, bevor sie an diesen Ort kam. Mir war ganz heiß, genau wie dir, sagte sie. Dann bewegte sie sich plötzlich weg und sagte: Oh, Vivie, du musst zurückgehen und weitermachen. Mami ruft dich.«[57]

Die Mutter war sehr geschockt von der Begegnung Viviens mit ihrer Tante Rita. Erst Jahre später erzählte sie von ihrer älteren Schwester, die mit einem verheirateten Mann nach Singapur durchgebrannt war. Dort starb sie an einer Blutvergiftung nach einem Insektenstich.

Besonders häufig kommt es bei Kindern zur Begegnung mit Verstorbenen während einer Nahtoderfahrung. In der Erforschung kindlicher Sterbeerlebnisse zeigte sich eindeutig, dass sie niemals lebende Personen in ihren außerkörperlichen Erfahrungen wahrgenommen haben. Das belegt auch das folgende Beispiel. Melissa erlebte im Alter von 14 Jahren eine NTE und berichtet die folgende erstaunliche Episode:

»Ich ging an einen wundervollen Ort mit gleißendem Licht, aber es tat meinen Augen nicht weh. Meine Augen gewöhnten sich irgendwie daran, und dann sah ich Mami, die gestorben war, als ich zehn war. Es war so schön, sie wiederzusehen, sie strahlte so. Sie hatte ein kleines Mädchen bei sich, etwa acht oder neun Jahre alt, das ihr sehr ähnlich sah. Es hatte wunderschöne blonde Haare und große blaue Augen. Mami lächelte mich an und sagte: Das ist deine kleine Schwester Bunny. Ich freute mich unheimlich, sie zu sehen. Doch als ich zurückkam, stand ich vor einem Rätsel, denn ich hatte nie eine kleine Schwester gehabt. Das beschäftigte mich sehr lange – hatte ich mir vielleicht alles nur ausgedacht? Doch dann erzählte ich Daddy davon, und seine Augen füllten sich mit Tränen. Es stellte sich heraus, dass ich eine etwa 18 Monate jüngere Schwester hatte, die aber tot geboren worden war.«[58]

Dan Shears befragte im Guys-Hospital in London Kinder nach einer Hirnhautentzündung über ihre Erlebnisse von Todesnähe. Er kannte dabei die genauen Umstände der NTE und wusste alles über die vorangegangenen Erkrankungen. Ein vierjähriger Junge beschrieb Dan Shears seine außerkörperliche Erfahrung, in der ihm ein Mann mit Flügeln begegnete. Gleichzeitig sah der Junge seine Großmutter neben seinem Bett sitzen, die unaufhörlich auf ihn einredete.

In einem weiteren Fall, berichtete ein erst drei Jahre altes Mädchen: »Ich steige nach oben und beobachte mich selbst. Das fand ich erstaunlich, und ich war sprachlos.«
Das Mädchen hatte einen schweren Herzfehler und war schon zwanzigmal klinisch tot gewesen, da ihr Herz immer wieder versagte. Ein anderes Mal kollabierte sie im Schlafzimmer ihrer Mutter, die sie in eine Wiederbelebungsposition brachte. An der Decke schwebend beobachtete das Kind, wie ihre Mutter ihr helfen wollte. Als das kleine Mädchen wieder zu sich kam, war es darüber erzürnt, dass die Mutter sie nicht in die richtige Lage versetzt hätte, wie es ihr der Arzt gezeigt hatte.[59]

Nahtoderfahrungen von Kindern zeigen, dass sie ein ganz natürliches und universelles Geschehen sind, das nicht von außen beeinflusst werden kann. Viele Forscher glaubten, dass NTEs sehr kleiner Kinder inhaltlich durch ihr Vokabular eingeschränkt sein müssten. Wir wissen heute, dass das Alter der Kinder keineswegs die Komplexität einer Nahtoderfahrung begrenzt. Selbst Säuglinge, die zum Zeitpunkt ihres Erlebens noch gar nicht sprechen konnten, haben später sehr vielfältige Nahtoderfahrungen beschrieben. Eine heute vierzigjährige Frau erzählte mir in einem Seminar:

»Solange ich zurückdenken kann, habe ich eine Erinnerung, wie ich als Zweijährige über meinem Körper schwebte und von oben auf mich herabblicken konnte. Damit verbunden war ein Gefühl von Wärme, Frieden und Geborgenheit. Ich konnte mir diese Erinnerung lange nicht erklären, bis mir vor drei Jahren meine Mutter eröffnete, dass ich mit zwei Jahren einen Darmdurchbruch hatte und notoperiert wurde. Ich befand mich damals in akuter Lebensgefahr, was ich bis zu diesem Zeitpunkt gar nicht wusste.«

Die aktuelle Studie von Jeffrey Long weist wissenschaftlich nach, dass Nahtoderfahrungen auch Jahrzehnte später ganz genau erinnert werden und ihre Elemente die gleichen sind. Sie sind nicht kulturell oder von anderen äußeren Einflüssen geprägt. Nahtoderfahrungen sind *reale* Ereignisse, die von Menschen jedes Alters erlebt werden.
Die dreijährige Katie verschluckte sich an einer Erdnuss, lief blau an und wurde bewusstlos. Sie schaute dabei zu, wie ihr Großvater versuchte, sie wiederzubeleben. Katie spürte die Präsenz eines liebevollen Wesens, das sie als ihren Schöpfer erkannte. Viele Jahre später schrieb sie:
»Selbst jetzt, wenn ich an mein Erlebnis denke, ist es realer als alles, was ich in meinem Leben erlebt habe. Ich erinnere mich nicht nur, sondern spüre die damit verbundenen Gefühle. Das motiviert mich immer wieder, Fragen zu stellen.«

Katies Nahtoderfahrung hat ihr Leben geprägt und transformiert. Lebenslang strebt sie nach geistigem Wissen. Sie schreibt:

»Das Erlebnis hat mich so tief bewegt, dass ich mein Leben lang versuche, Antworten auf meine Fragen zu finden. Ich studiere Philosophie und Theologie. Gegenwärtig schreibe ich eine Doktorarbeit in Theologie.«[60]

6. Kulturübergreifende Vergleiche

Die Long-Studie ist die größte kulturübergreifende Untersuchung über Nahtoderfahrungen, die jemals erstellt wurde. Es zeigte sich dabei, dass das Sterbeerlebnis auf der ganzen

Welt immer gleich beschrieben wird. Die Merkmale der Nahtoderfahrung werden von einem Muslim in Ägypten, einer Christin in Amerika oder einem Hindu in Indien immer gleich erlebt. All diese Berichte haben einen ähnlichen Inhalt und sind unabhängig von religiösen oder kulturellen Prägungen. Alle Menschen werden zum Zeitpunkt ihres Todes ähnliche Erfahrungen machen. Wir sind dadurch mit allen anderen Menschen vereint, da wir in Wirklichkeit eins sind in der Vielfalt der Individualitäten.
Der Türke Gülden erlebte eine Reise in die andere Welt, als in seinem Gehirn eine Arterie geplatzt war.

»Ich fühlte, dass ich über meinem Bett schwebte in Richtung eines weißen, sehr hellen Lichtes. Ich erblickte meinen Onkel, der vor einem Monat verstorben war. Als wir uns trafen, sagte er: ›Jetzt noch nicht!‹ Es überraschte mich, wie ich ihn ohne ein gesprochenes Wort verstehen konnte, aber ich fühlte Frieden.«[61]

Simran, ein junger Mann aus Indien, erzählt den für ihn bedeutendsten Teil seiner NTE:

»Dann erschien ein helles Licht, aus dem die sanfte Stimme eines Mannes erklang. Er sagte: Du wirst alles hinter dir lassen – deine Angehörigen, die schwer verdiente Auszeichnung, Geld und deine Kleider. Du kommst zu mir mit leeren Händen.«[62]

Die Long-Studie belegt, dass sich alle nicht westlichen Berichte in ihrem Kern nicht von europäischen oder amerikanischen Erlebnissen unterscheiden. Es gibt keine gravierenden Unterschiede, was die Universalität des Sterbeerlebnisses beweist. Durch diese Tatsache werden wir aufgefordert, den Blick auf die Gemeinsamkeit und den gleichen Ursprung aller

Menschen zu richten, statt uns wegen geringfügiger Glaubensabweichungen zu bekriegen.
Wer die Realität der Nahtoderfahrung verstehen will, wird nicht darum herumkommen, sich mit ihren Inhalten direkt auseinanderzusetzen und die Berichte der Betroffenen zu lesen. In ihnen findet sich eine ursprüngliche geistige Kraft, die die Erlebenden auf der ganzen Welt verändert hat. Hafur aus Kolumbien sah nicht nur Bild für Bild ihr eigenes Leben, sondern erkannte, dass es ihre eigene Entscheidung war, einen physischen Körper anzunehmen.

»Ich erkannte, dass mein Leiden nur Zeitverschwendung gewesen war und ich stattdessen lieber meine Freiheit dazu hätte nutzen sollen, in allem, was mir im Leben passiert ist, die wahre Liebe und nicht den Schmerz zu suchen.«[63]

Unsere Wirklichkeit ist die Vielheit in der Einheit. Wir unterscheiden uns lediglich in unserem irdischen Erscheinungsbild und den individuellen Glaubensüberzeugungen. Die Begrenztheit der Worte steht dem wahren Verstehen des Wesens der Nahtoderfahrung im Wege.
Ein zwölfjähriger Junge aus Algerien wäre beinahe ertrunken und erlebt eine typische außerkörperliche Erfahrung:

»Ich konnte alles unter Wasser sehen, als hätte ich eine Taucherbrille auf. Mein Sichtfeld betrug 360°. Mir war, als sei ich ein kleines Stückchen weit weg von meinem Körper, aber ich konnte auch sehen, was hinter mir vor sich ging. Kleine Details fielen mir auf: Ockerfarbene Kieselsteine, auch ganz helle und gestreifte Kiesel, und auf dem Meeresboden wuchs Seetang, der unter der Wasseroberfläche zu schweben schien.«[64]

Die Kernelemente der NTE sind auf der ganzen Welt gleich. Der einzige greifbare Unterschied ist lediglich die Art und Weise, wie Menschen unterschiedlicher Kulturen und Sprachen ihre Erlebnisse interpretieren. Die Erfahrung des Todes ist universeller Natur, und die wahre Heimat der Seele ist die jenseitige Welt, wie es von den Nahtoderfahrenen übereinstimmend beschrieben wird. All diese Erlebnisse bezeugen, dass hinter allem Sein eine göttliche Urkraft auszumachen ist als Voraussetzung einer höheren Ordnung. Alle Menschen sind Teile des einen göttlichen Geistes.

5. Kapitel

Seele und Bewusstsein

Die Funktion der Seele

Der Mensch ist ein Erden-Ich, das sich hier inkarniert hat, um bestimmte Erfahrungen zu machen. Die Seele ist dabei der feinstoffliche Träger des Ichs des Menschen. Das bedeutet, dass wir eine Seele haben, nicht aber die Seele sind. Die Seele verbindet uns mit unserem geistigen Ursprung. Sie ist ein zeitlos existierendes Bewusstsein und unabhängig von allen Körpern oder Formen. Insofern ist die Seele in uns und um uns, und deshalb gibt es auch keinen Sitz der Seele im Menschen. Es wurde immer wieder versucht, sie im Herzen, im Kopf oder im Körper aufzufinden. Das ist natürlich nicht möglich, da sie ein nicht-lokales Bewusstsein ist.

Alles wichtige geistige Wissen ist in den Seeleninnenräumen gespeichert. Die Seele ist die Verbindung zwischen dieser und der anderen Welt und kennt auch unseren Lebensplan und unsere Bestimmung.

Jedem Sterben geht ein Seelenentscheid voraus: Die Seele weiß, wann die Zeit gekommen ist, in die andere Welt hinüberzugehen. Das lässt sich besonders deutlich durch die Vorahnungen bei einem plötzlichen Tod belegen. Diese häufig unbewussten Vorahnungen lassen sich in den meisten Fällen erst im Nachhinein als solche deuten. Das weist uns darauf hin, dass nicht die Erdenpersönlichkeit weiß, dass sie sterben wird oder sterben will, sondern dass die Impulse der Seele darauf hindeuten, dass entweder der Betroffene oder die Angehörigen in Form von Wahrträumen auf den Tod vorbereitet werden.

Die Seele steuert die Gesamtheit aller inneren Vorgänge im Menschen und bildet seinen inneren Wesenskern. Sie unterstützt mit ihren Impulsen unseren geistigen Wachstumsprozess. Je bewusster wir mit dem Lebensfunken der Seele in uns verbunden sind, desto mehr werden wir in unserem Leben von ihr unterstützt. Durch Ruhe und Stille können wir mit ihr in Kontakt treten, da die Seele den Zugang zum universalen göttlichen Bewusstsein ermöglicht. Genau das erleben Menschen während einer Nahtoderfahrung. Die Betroffenen sprechen davon, das feinstoffliche Abbild ihres Körpers wahrzunehmen. Dazu heißt es in einer NTE:

»Obwohl ich bewusstlos war, sah ich das Krankenzimmer mit Ärzten, die Frau Dr. G. umgaben, die an meinem Bett stand, sich über mich beugte und meinen Herzschlag mit dem Stethoskop abhörte. Zur gleichen Zeit sah ich über meinem Körper, der auf dem Bett lag, einen anderen Körper von mir in genau der gleichen Position in der Luft schweben, er hing von der Decke an etwas, das eine Schnur zu sein schien, die an meinem Nabel befestigt war. Ich schien der Beobachter zu sein, doch von wo aus, kann ich nicht sagen. Alles, was ich weiß, ist, dass ich zwei Körper sah. Ich beobachtete diese Szene für einige Zeit.«[65]

Die Ich-Identität als subjektive Wahrnehmung ist ein Aspekt des ewigen Geistes, des Einen göttlichen Bewusstseins, das alles Sein durchdringt. Bemerkenswert ist an diesem Beispiel die konkrete Wahrnehmung der feinstofflichen Silberschnur, die während unseres Lebens Körper und Geist miteinander verbindet. Erst wenn die Silberschnur endgültig durchtrennt ist, stirbt der Mensch. Er kann dann nicht mehr in seinen Körper zurückkehren. Bei der Nahtoderfahrung bleibt diese Verbindungsschnur intakt. Deswegen sprechen wir beim klinischen Tod von einem noch umkehrbaren Geschehen.

Das außerkörperliche Bewusstsein nimmt den abgestreiften Körper wahr, sieht den Ätherleib und befindet sich gleichzeitig im universalen Bewusstsein, von dem aus es die Situation beobachtet. Ein Mann beschreibt dies wie folgt:

»Ich lag im Bett mit hoher Temperatur. Plötzlich konnte ich meinen physischen Körper sehen, wie er auf dem Bett lag, sowie einen weiteren Körper außerhalb des Bettes, ebenfalls in einer Position, etwa einen Fuß höher als der physische Körper. Der zweite Körper war schillernd blau und Licht pulsierte darin. Aber mir schien, dass ich mich in einem weiteren Körper befand, der auf diese zwei schaute, obwohl ich keinerlei Bewusstsein eines dritten Körpers hatte. Es schien, dass das, was ›ich‹ war, beide – sowohl den physischen als auch den leuchtenden – sah.«[66]

Diese Aussage bedeutet nichts anderes, als dass menschliches Bewusstsein, sobald es den Körper verlassen hat, sich in einer überzeitlichen seelischen Wahrnehmungsebene des allgegenwärtigen Geistes befindet – ohne Form, wie auch die Seele formlos ist. Das beweist geradezu, dass Bewusstsein völlig unabhängig von Körper existiert. Ich möchte ein weiteres Beispiel zitieren:

»Plötzlich spürte ich, dass ich aus meinem Körper herauskatapultiert wurde. Doch so eigenartig das scheint, ich spürte, dass mein Bewusstsein und meine Wahrnehmung von einem Punkt aus kamen, der nicht im Körper lag. Ich beobachtete beide Körper von einer anderen Seite des Raumes aus. Ich hatte nicht den Eindruck, überhaupt einen Körper zu besitzen, doch konnte ich die Bewegung meines Doppels spüren. Ich verlor langsam das Bewusstsein und befand mich dann wieder in meinem Körper.«[67]

Die Seelenablösung wird in Metaphern von Aufsteigen, Schweben, Fallen oder Fliegen beschrieben. Das subjektive Gefühl von Geschwindigkeit als Bewegung und Erweiterung des Bewusstseins ist in der Trennung des Erden-Ichs und der Seelen vom Körper zu sehen. Unabhängig vom Körper spüren wir Leichtigkeit, Freude und Freiheit und nehmen alles wahr, was am Ort des Todes geschieht. Wir befreien uns von der magnetischen Anziehung und Schwere des Körpers und werden angezogen vom Licht unserer wahren Geistesnatur. Deswegen wird dieser Wechsel in einen anderen – geistigen Bewusstseinszustand – als Flug oder Geschwindigkeit erlebt. Dadurch intensivieren sich die übersinnlichen Wahrnehmungen des Erden-Ichs. Dazu zwei Beispiele:

»Als ich mich sterben fühlte, zog sich ein Teil von irgendetwas aus meinem Körper heraus und bewegte sich hoch, vom Bett weg. Ich wurde so etwas wie eine kleine Wolke, sehr flüchtig, von keiner bestimmten Form. Mit wachsender Geschwindigkeit bewegte ich mich höher und immer höher. Lange Zeit glitt ich durch etwas, was ich für einen Tunnel hielt.«

Jenseits der körperlichen Form erweitert sich das Bewusstsein und hebt alle menschlichen Begrenzungen auf. Dazu heißt es im folgenden Beispiel:

»Mein Körper lag leblos auf dem Bauch. Ich schwebte in die Luft. Ich betrachtete meinen Körper von oben, aus einem diagonalen Winkel mit großem Interesse, aber ohne irgendeine Bestürzung. Ich kann mich nicht erinnern, ob ich bekleidet war oder nicht. Bald danach aber bemerkte ich, dass ich mich auch anderen Dingen zuwenden konnte als dem verwaisten Körper. Nicht nur von der Schwerkraft war ich befreit, auch von allen anderen menschlichen Beschränkungen. Ich konnte fliegen, ich fühlte mich wie verwandelt.«

Diese jedem Menschen innewohnende außerkörperliche Geistsicht der Dinge, zeigt einmal mehr, dass die Seele immer unabhängig von der Form ist, da sie ganz und heil ist. Das erklärt ebenfalls, warum kongenial blinde Menschen während einer Nahtoderfahrung sehen können. Das ist der unabhängige, zeitlose Aspekt jeder Seelenidentität, von der wir schon jetzt ein Teil sind.

In den vorliegenden Berichten finden sich sehr häufig Umschreibungen von Leichtigkeit und Schwerelosigkeit, wie im obigen Beispiel. Eine Frau erzählte mir, dass sie ein wunderbar leichtes Gefühl erlebt und überhaupt nichts mehr gewogen habe. Sie schwebte einfach dahin.

Ein Mann berichtete mir, dass er fühlte, wie seine Seele den Körper verließ und aus der Kehle aus seinem Körper heraustrat. Er reiste dann in rasender Lichtgeschwindigkeit.

All diese Ausführungen zeigen, dass wir weitaus mehr sind als unser Körper und unser Erden-Ich. Nach der Loslösung vom Körper haben wir Zugang zum kosmischen Universum und seinen Informationsenergien, wobei die Kontinuität des Ich-Bewusstseins aufrechterhalten bleibt.

Die Seele ist während unserer Erdenexistenz sozusagen die Verbindung zwischen dieser und der anderen Welt. Wenn sich ein Mensch von seiner körperlichen Grundlage getrennt hat, erlebt er die Gleichzeitigkeit eines raum- und zeitlosen Bewusstseins, das sich stetig erweitert. Er ist in sein Höheres Selbst – die Seele – eingegangen, die ihm nun als himmlischer Gefährte gegenübertritt. Viele Nahtoderfahrene schildern, lebendiger als je zuvor zu sein. Eine Frau schrieb mir:

»Ich erinnere mich genau, wie ich in rasender Geschwindigkeit aus meinem Körper herausgezogen wurde. Auf einmal war ich Teil eines unbeschreiblichen Ganzen und all meine Schmerzen waren verschwunden. In diesen wenigen Minuten überblickte ich nicht nur meine gesamte Existenz, sondern fühlte mich lebendiger als jemals zuvor in meinem Leben. Ich erfasste in Sekundenbruchteilen alles Wissen des Universums und dass ich immer ein individueller Aspekt Gottes war und sein werde. Das Licht, von dem ich ein Teil geworden war, ist reine, bedingungslose Liebe und der Informationsträger von allem, was ist. Ich habe verstanden, dass der göttliche Funke in meine Seele eingewebt ist. Die Seele ist das größte Geschenk Gottes, da wir in der Begrenztheit unseres Daseins durch sie mit IHM in Verbindung bleiben, wenn wir uns dessen bewusst sind.«

In einem anderen Beispiel heißt es:

»Ich dachte, dass ich tot bin, und blickte auf meinen leblosen Körper, der durch den Unfall übel zugerichtet war. Ich spürte nichts, da ich nicht in meinem Körper war. Ich fühlte mich leicht und lebendiger und war jetzt ein von allem losgelöster Geist. Und dann verstand ich, dass das Licht, das auf mich zuströmte, in liebevollster Weise ein Teil von mir war. Das Licht der Liebe war immer in mir, doch ich habe es nicht erkannt. Da wusste ich, dass ich zurückkehren muss, um anderen davon zu berichten. Das Licht meiner Seele kannte mich besser, als ich mich selbst.«

Der seelische Aspekt des göttlichen Funkens in uns – ohne den wir gar nicht lebensfähig wären – ist als Unterstützung und Erinnerung an die ewige Heimat gedacht. Durch den Umstand, dass wir eine Seele haben, sind wir schon während unseres Lebens multidimensionale Wesen. Deshalb ist seelisches Wachstum der Sinn des Lebens an sich, um in die bedingungslose, unermessliche Liebe Gottes hineinzureifen. Wer sich seinen Seeleninnenräumen öffnet, kann sich mit seiner inneren Quelle direkt verbinden und erfährt einen Zuwachs an reiner Lebenskraft aus dem Göttlichen.

Das menschliche Bewusstsein

Bewusstsein ist die Wahrnehmungsfähigkeit des Menschen, wodurch der eigenen und der äußeren Wirklichkeit eine Form gegeben wird. Bewusssstein ist die Grundlage unserer materiellen Wirklichkeit. Es gibt keine wissenschaftliche Erklärung dafür. Ohne die bewusste Wahrnehmungsfähigkeit könnten wir weder Dinge außerhalb noch innerhalb von uns selbst erkennen. Ein wesentlicher Aspekt des menschlichen Bewusstseins ist darüber hinaus die Existenz eines unverwechselbaren und subjektiven Ichs, das den Einzelnen von anderen unterscheidet.

Wissenschaftler haben diesen Umstand jahrzehntelang durch biochemische Vorgänge im Gehirn zu erklären versucht. Das Gehirn ist aber lediglich der organische Steigbügel, damit sich Bewusstsein und Verstand körperlich ausdrücken können. Es ermöglicht also Bewusstseinserfahrungen. Unser Gehirn ist vergleichbar mit einem Fernseher, der Bilder in die Wohnstuben sendet, diese aber von außerhalb seiner selbst durch Elektrizität und elektromagnetische Schwingungen erhält.

Pim van Lommel kam durch neue Erkenntnisse der neurophysiologischen Forschung sowie der Quantenphysik zu der festen Überzeugung:

»… dass das Bewusstsein weder an eine bestimmte Zeit noch an einen bestimmten Ort gebunden ist. Dieses Phänomen nennt man *Nicht-Lokalität*. In einem solchen Raum, in dem Vergangenheit, Gegenwart und Zukunft gleichzeitig existieren und zugänglich sind, ist das vollkommene und endlose Bewusstsein allgegenwärtig. Es ist ständig um uns herum und in uns präsent.«[68]

Das bedeutet, dass Bewusstsein weder Anfang noch Ende hat und schon immer unabhängig vom Körper existiert.

Das wesentliche Phänomen einer Nahtoderfahrung ist das Überschreiten der engmaschigen Körperwahrnehmung in einen erweiterten Bewusstseinszustand. Solange wir uns im Körper befinden, sind wir sehr begrenzt in unserer sinnlichen Wahrnehmungsfähigkeit. Unsere Augen erfassen nur einen kleinen Ausschnitt unserer Alltagsrealität: Nämlich nur den, auf den wir uns gerade fokussieren und unsere Aufmerksamkeit richten. Wir können nicht erkennen, was hinter uns ist, noch in einem größeren Raum alles, was sich dort befindet, wahrnehmen. Das ist unsere normale, sehr begrenzte Wahrnehmungsfähigkeit. Wenn nun das Erden-Ich seinen Körper verlässt, dehnt es sich aus in eine Art räumlicher Unendlichkeit, in der alle Dinge gleichzeitig erfasst werden können.

»Als ich an der Decke des Operationssaals schwebte, war ich mir nicht nur aller anwesenden Personen bewusst, sondern auch aller medizinischen Geräte im Raum. Während die Ärzte versuchten, mich zu reanimieren, richtete ich meine Aufmerksamkeit auf das Beatmungsgerät und konnte von meiner Position her an der Decke das Typenschild und seine Gerätenummer erkennen. Als ich später meinem Arzt davon berichtete, war er zutiefst verwundert, da sich meine Angaben als richtig herausstellten.«

Raum und Zeit als menschliche Orientierungskategorie heben sich auf in eine Gleichzeitigkeit allen Erlebens durch die Erfahrung eines sich erweiternden Bewusstseins. Dadurch können Gedanken klarer und schneller erfasst werden, und die Kapazität des Denkens nimmt enorm zu. Eine NTE ist ein Bewusstseinszustand virtueller Simultanität als Begegnung mit einer anderen Ebene des Seins, in der alle Informationen zu einer allgegenwärtigen Einheit zusammengedrängt sind. Es ist sehr schwierig, diese erlebte Gleichzeitigkeit in menschlicher Sprache auszudrücken.

Eine Frau berichtete:

»Ich habe die Schönheit der Seele gesehen, ihre ungeahnten Möglichkeiten und die Gewissheit, dass der Geist ewig weiter besteht. Es waren Momente der Zeitlosigkeit und der absoluten Klarheit und des Glücks. Es ist schwer, alles das nachträglich zu beschreiben, obwohl es das eindrucksvollste Erleben meines Lebens war.«[69]

In einem anderen Bericht heißt es dazu:

»Ich weiß nicht, wie lange diese Trennung von Geist und Körper gedauert hat. Waren es Sekunden, Stunden, Tage? Irgendwann war die Sicht außerhalb meines Körpers verschwunden. Ich spürte meine Schmerzen wieder.«[70]

Diese Zeitlosigkeit geht einher mit der Beschleunigung aller Abläufe. Wenn wir uns ernsthaft mit Nahtoderfahrungen beschäftigen wollen, ist es überaus wichtig zu wissen, dass sich die meisten der vorliegenden Berichte in einer Zeitspanne von maximal fünf Minuten ereignet haben, da dann nicht mehr reanimiert werden kann. Manchmal handelt es sich nur um Sekundenbruchteile oder zwei Minuten. Wenn dann ein Interview über das Erlebte geführt wird, benötigen sie zwei oder drei Nachmittage, um die Vielfalt des Erlebten zu erfassen. Schon daran lässt sich erkennen, dass wir es hier mit einer völlig anderen Dimension des Seins zu tun haben. Die offene Frage, die sich hier nun stellt, ist, wie dieser veränderte Bewusstseinszustand zustande kommt. Eine plausible Antwort darauf sind die unterschiedlichen Schichten des menschlichen Bewusstseins, die im Folgenden zu beschreiben sind. In diesem Gesamtzusammenhang ist die Analogie zwischen Geburt und Tod überaus aufschlussreich.

Was geschieht bei der Geburt?

Wenn ein Mensch geboren wird, wird das Erden-Ich im Moment der Durchtrennung der Nabelschnur in den Körper eingebunden. Das Ich ist dann schon eine vollständige Persönlichkeit, da das Eingeborenwerden in die körperliche Hülle verbunden ist mit dem Eingehülltsein in ein ewiges seelisches Programm, ohne das ein *Ich* nicht möglich wäre. Jeder Mensch hat also eine Seele, ohne deren Existenz er nicht lebensfähig wäre.

Sie ist gleichzeitig die Anbindung an das universale ewige göttliche Bewusstsein. Somit ist das menschliche Bewusstsein an sich geistiger Natur. Im Augenblick der Geburt geht das Seelenbewusstsein mit dem Körperbewusstsein eine lebenslange Symbiose ein. Deswegen sind während des Lebens Erden-Ich und Körper miteinander verbunden.

Das Ich wird zunächst durch seinen Körper geprägt, das heißt, wenn ein freies geistiges Wesen sich inkarniert, ist die erste prägende Erfahrung das Bewusstsein, einen Körper zu haben. Deswegen ist die Primärerfahrung eines Babys nach seiner Geburt, eingeschlossen zu sein in einer unfreundlichen und kalten Umgebung der polaren Gegensätze. Dieser Schock drückt sich in dem Schreien des Babys aus, denn es spürt noch die Verbindung zur verlassenen geistigen Heimat.

Das bestätigt die moderne psychotherapeutische Forschung, die durch Trancetechniken oder Rückführungen die frühkindlichen Erfahrungen des Geborenwerdens beschrieben hat. Ein Wesen, das sich vor seiner Geburt noch in der Harmonie und im Einklang mit der geistigen Welt befindet, wird durch die Geburt davon abgeschnitten und fühlt sich alleingelassen. Helen Wambach führte in den Sechzigerjahren Massenrückführungen mit jeweils über Hundert Personen durch und hat daraus zahlreiche Geburtserfahrungen dokumentiert. Dazu einige Beispiele:

»Die Erfahrung im Geburtskanal war für mich mit Ungeduld verbunden, mit der Feststellung, dass die Toleranz für mich in diesem Leben ein Stolperstein sein würde. Sobald ich geboren war, empfand ich intensive Kälte und strahlend helles Licht. Ich hatte Angst vor dem, was vor mir lag. Ich fühlte, dass die diensthabenden Ärzte und Schwestern unpersönlich und kalt waren. Ihnen ging jedes Mitleid für die Angst und das Leid meiner Mutter ab.«[71]

»Geburtskanalerlebnis bedeutete für mich, mich aus einem weiten Raum in einen engen Raum zu begeben. Nach der Geburt sah ich die sehr hellen Lichter, die meinen Augen wehtaten. Ich hatte ein Gefühl der Weite.«[72]

»Im Geburtskanal schien es mir, als würde ich auf eine Art harte, muskulöse Fläche gepresst. Es scheint, als könne ich es nicht erwarten, geboren zu werden. Sobald ich heraus war, hatte ich ein starkes Gefühl der Trennung, der Kälte und Schutzlosigkeit. Die Leute im Entbindungsraum waren freundlich, aber rationell, und ich fühlte mich ihnen fremd.«[73]

Bei der Geburt des Menschen spaltet sich die ewige Seelenidentität in verschiedene Bewusstseinsebenen. Durch die Verbindung des Erden-Ichs mit dem Körper entsteht das *Körperbewusstsein*.
Der irdische Körper ist allerdings nur dadurch lebensfähig, dass er mit der Seele verbunden ist. Das wird in diesem Zusammenhang als *Seelenbewusstsein* bezeichnet.
Die Seele wiederum ist das Bindeglied zwischen der irdischen und der geistigen Welt. Sie ist der überzeitliche Aspekt der menschlichen Existenz. Sie ist immateriell und unsichtbar und Ausdruck des göttlichen Geistes, dessen sie sich unabhängig vom Körperbewusstsein des Erden-Ichs bewusst ist.
Das wird als *Geistbewusstsein* bezeichnet.

Die Ich-Identität setzt sich aus einem Körperbewusstsein, dem Seelenbewusstsein und dem Geistbewusstsein zusammen. Gleichzeitig verfügt jedes Wesen über den freien Willen. Es bleibt jedem Einzelnen überlassen, seine geistige Natur verstehen zu wollen und daran zu wachsen oder sich mit der Begrenztheit und Vergänglichkeit seines Körperbewusstseins zu identifizieren. Im Erdenleben geht es darum, diese Verbindung durch die Seele zu erkennen und nutzbar zu machen.

Körper, Seele und Geist sind also unterschiedliche Bewusstseinszustände, die einem immerwährenden Bewusstsein entspringen und Teil davon sind. Das beinhaltet die gesamte Gefühlswelt. Die Fähigkeit des Menschen, über sich selbst zu reflektieren, ist geistiger Natur und Voraussetzung des Menschseins. Die Seele ist Träger, Form und Stoff der den Menschen tragenden Bewusstseinsenergie.

Damit Bewusstsein existieren kann, braucht es einen Resonanzboden. Dieser ist der universelle göttliche Geist, in dem alles, was war und sein wird, was geschehen und gedacht wurde, als energetische Informationseinheit gespeichert ist. Deswegen ist jeder Einzelne Teil des übergeordneten Geistes, von dem jeder umfasst ist. Die Reduktion des Erden-Ichs auf sein Körperbewusstsein verhindert in vielen Fällen, dass sich ein Mensch seiner wahren Natur bewusst wird und deswegen glaubt, sein Körper zu sein.

Diese Wahrnehmung eines vom Körper unabhängigen Bewusstseins wurde schon in der Wambachstudie nachgewiesen. Es wurde gefragt, wann sich die Seele mit dem Fötus verbindet. Die Befragten hatten dabei das Gefühl, dass sie voll bewusst als eine Wesenheit vom Fötus getrennt waren, dieser also nicht ein echter Teil ihres Bewusstseins ist. Die meisten zogen die Freiheit der außerkörperlichen Existenz vor.

Der fötale Körper wurde als beengt und eingrenzend empfunden, und viele Teilnehmer der Studie verbanden nur mit Widerstreben ihr Bewusstsein mit dem des ungeborenen Kindes.

Die Versuchspersonen (insgesamt waren es 750) gaben zu 89 Prozent an, dass sie sich erst nach dem sechsten Monat der Schwangerschaft mit dem Fötus verbunden haben, und selbst dann waren sie noch innerhalb und außerhalb des Körpers. Die größte Gruppe berichtete, sie hätten ihr Bewusstsein erst kurz vor oder während der Geburt mit dem Körper des Kindes verbunden. Deswegen erstaunt es wenig, dass sie sich der Gefühle der Mutter voll bewusst waren. Als zeitlose Wesen, die sich in einem menschlichen Körper inkarnieren, sind wir ein Aspekt des reinen Bewusstseins, das wir immer waren und immer sein werden. Hierzu einige Beispiele:

»Ich war nicht vollständig mit dem Fötus verbunden, und ich konnte sein und mich bewegen, wie in der Zeit, bevor ich in den Fötus einging. Ich bemerkte die Gefühle meiner Mutter. Sie hatte Angst, und ich sah auch den Arzt und die Schwestern und den Entbindungsraum.«[74]

»Ich verband mich mit dem Fötus, als er schon fast aus dem Geburtskanal heraus war. Plötzlich fühlte ich etwas Erschreckendes, Schmerz, Enge. Ich fühlte, dass meine Mutter erschrocken war und ziemlich zwiespältige Gefühle hatte, ein Kind zu haben.«[75]

»Als sie nach der Bindung an den Fötus fragten, hatte ich ein Gefühl, als schwebe ich über dem Entbindungstisch, bis vor der Geburt. Ich war mit einem Strang verbunden. Aber ich bemerkte, dass meine Mutter sehr liebevoll war und es kaum erwarten konnte, mich zu empfangen.«[76]

Interessanterweise wird hier die Verbindung zwischen Körper und Seele durch die Silberschnur benannt. Wie uns die Nahtoderfahrungen aufzeigen, ist es genau diese Verbindung zwischen Seele und Körper durch die Silberschnur, die es den Erlebenden ermöglicht, sich innerhalb und außerhalb des Körpers aufzuhalten.

Je mehr ein Ich sich ausschließlich durch den Verstand – ein Werkzeug des Körperbewusstseins – wahrnimmt, wird der Bezug zur seelischen Innenwelt flüchtig: Impulse der Seele durch die innere Stimme werden furchtsam unterdrückt, weil der Verstand sie zu leugnen versucht. Verstand und Körperenergie bilden dann eine Einheit, die das Erden-Ich als rein körperliches Wesen wahrnimmt und seinen seelischen Aspekt abspaltet. Deshalb sind so viele Menschen ausschließlich in der materiellen, sichtbaren, fassbaren und messbaren Welt verankert.

Es ist das Körperbewusstsein, das sich mit Macht an das Leben klammert. Hier ist der Sitz aller Ängste, die ihren Ursprung in körperlich-irdischen Erfahrungen haben. Je mehr jemand im Außen verhaftet ist, desto mehr Ängste projiziert das Körperbewusstsein, da es weiß, dass der Körper sterblich ist – der Ursprung jeder Angst. Wer nicht loslassen kann und sich nicht voll Vertrauen in Unabänderliches fügen kann, klammert sich mit Macht an das Einzige, was er kennt: sein Körperbewusstsein. Diese Abspaltung von den seelisch-geistigen Aspekten der Existenz bringt Leid und Schmerz hervor. Es hindert so manchen Menschen daran, in Frieden sterben zu können. Der Mensch ist dann aus der Ganzheit gefallen, aus der wahrhaftigen Einheit von Körper, Seele und göttlichem Geist.

Die Loslösung vom Körper

Beim Sterben des Menschen werden durch die Loslösung der Seele vom Körper diese ursprünglichen Elemente wieder zusammengefügt. Das Ich erlebt eine Kontinuität seines Bewusstseins, was durch die vielfachen subjektiven Wahrnehmungen und Beschreibungen in den Nahtoderfahrungen aufgezeigt wird.

Nur wenn das Ich des Menschen intakt bleibt, ist es möglich, eigenständige Erlebnisse wiederzugeben. Daraus kann der Schluss gezogen werden, dass die Individualität des Menschen nach dem Tod bestehen bleibt, wie es auch in den Nachtodkontakten zum Ausdruck kommt. So wird beispielsweise die spezifische Ausstrahlung eines Verstorbenen gespürt, und ein Verstorbener tritt wie in der besten Zeit seines Lebens in Erscheinung.

In den Todesnähe-Erlebnissen berichten viele Menschen davon, einen ursprünglichen Ich-Zustand erlebt zu haben, was wir immer waren und immer sein werden. Das meint nichts anderes, als dass jeder von uns über eine ewige Seelenidentität verfügt, mit der das derzeitige Erden-Ich ausgestattet ist.

Ein Mann charakterisierte diesen Umstand in einem Gespräch mit mir wie folgt:

»Ich hatte einen schweren Verkehrsunfall und befand mich außerhalb meines Körpers. Je mehr ich mich dem Licht am Ende des Tunnels näherte, erweiterte sich mein Bewusstsein derartig, dass ich es kaum auszudrücken vermag. Ich hatte den Eindruck, dass alles Irdische von mir abfiel, und ich erkannte, dass ich weitaus mehr bin als die Rollen, die ich auf der Erde bisher gespielt habe: Ehemann, Vater, Banker, Sportler. All das löste sich auf in der Erkenntnis, eine ewige Individualität zu sein. Ich wusste einfach, dass ich von Anbeginn aller Zeiten existiert habe und unsterblich bin. Mein kleines Erden-Ich erweiterte sich in eine vorher nicht zugängliche Gesamtidentität. Ich fühlte mich vollständig wie nie zuvor und wollte diesen Ort des Friedens und der Seligkeit nie wieder verlassen.«

Es handelt sich also um die Bewusstwerdung höherer Aspekte des Seins und um die Erfahrung, mehr zu sein als ein begrenztes menschliches Wesen. Daraus resultiert der Wunsch, in dieser Welt des Lichtes und der Liebe zu verbleiben.
Alle irdischen Rollenzuschreibungen wie Vater, Mutter, Kind werden angesichts der wahren Ich-Identität, die wiedererinnert wird, bedeutungslos. Das kommt dadurch zum Ausdruck, dass die Betroffenen in zahlreichen Berichten davon sprechen, ganz und vollständig sie selbst gewesen zu sein.
Beim Verlassen des Körpers bietet sich dem Ich folgende Perspektive: Es nimmt den abgestreiften Körper wahr – meistens ohne jede Regung oder Emotion. Es beobachtet, wie das Doppel des irdischen Körpers, der astrale oder ätherische Leib, über dem irdischen Körper schwebt, der bei einer Nahtoderfahrung noch mit diesem durch die Silberschnur verbunden bleibt. Das Erden-Ich selbst nimmt sich als davon getrennt wahr. Es fühlt sich leicht, schwerelos, körperlos und ist von seiner Konsistenz her formlos, nimmt sich aber gleichzeitig in seiner Individualität bewusst wahr. In einer Nahtoderfahrung heißt es dazu:

»Ich merkte, dass sich mein Bewusstsein von einem anderen Bewusstsein löste, das ebenfalls ich war. Wir können sie A- und B-Bewusstsein nennen, und mein Ich heftete sich an das A-Bewusstsein. Ich merkte, dass das B-Bewusstsein, das zum Körper gehörte, begann, sich aufzulösen, während das A-Bewusstsein, das jetzt ich war, sich gänzlich außerhalb meines Körpers befand, den es jetzt sehen konnte. Allmählich wurde mir klar, dass ich sehen konnte, nicht nur meinen Körper und das Bett, in dem er lag, sondern alles im gesamten Haus und Garten und nicht nur Dinge zu Hause, sondern in London und in Schottland, wohin auch immer meine Aufmerksamkeit sich richtete.«[77]

Dieses Beispiel ist besonders aufschlussreich, da die Spaltung des Bewusstseins in der Loslösung vom Körper sich mit den bereits besprochenen vorgeburtlichen Erinnerungen deckt, die eine Vereinigung eines transzendenten Bewusstseins mit einem körperlichen beschreiben. Das Beispiel belegt sehr anschaulich, dass jeder erweiterte Bewusstseinszustand damit einhergeht, dass das Ich aus dem Körperbewusstsein in das Seelenbewusstsein überwechselt. Bedingt durch die Formlosigkeit dieses Zustandes, nimmt das Ich sich als außerhalb des irdischen wie des ätherischen Körpers wahr. Dieser zweite *Nebelkörper* – wenn er denn wahrgenommen wird – dient lediglich der Vergewisserung, in die geistige Welt übergegangen zu sein. Die Erlebenden wissen dann, dass sie tot sind. Daher wird von erfahrenen Sterbebegleiterinnen das Verlassen der Seele vom Körper mit *Wolke* oder *Dunst* oder *nebliges Etwas* charakterisiert. Dazu heißt es in einem Erlebnisbericht:

»Ich hatte das nebelartige Leben meines ältesten Sohnes gesehen, wie es aus seinem Körper herauswehte, als ich ihn im Arm hielt. Als ob unsichtbare Finger einen Seidenfaden webten, wellte sich die schwebende Erscheinung rhythmisch hinweg, bis sie meinen Blicken entschwand.«

In den beiden folgenden Auszügen aus Nahtoderfahrungen wird das ähnlich beschrieben:

»Ich war mir bewusst, dass ich etwas Weißes anhatte, ein Kleid, und ich konnte durch es hindurch sehen, es war weißlich, nebelig, es war wie ein Kleid aus weißem Käse.«

»Ich glaube, ich war ein wenig wie grauer Nebel. Ich hatte irgendeine Form, aber nicht wie mein Körper auf dem Bett.«[78]

Die Seele ist das energiespendende, lebenserhaltende Gefäß und das Element, welches sich beim Sterben zusammen mit der Essenz des Erden-Ichs aus dem Körper zurückzieht. Da die Seele sich innerhalb und außerhalb des Körpers befindet – sie ist in ihren Möglichkeiten multidimensional – ist dieses manchmal sichtbare neblige Energieetwas das Ich, das von der Seele umhüllt in die andere Wirklichkeit getragen wird.
Wenn der Körper verlassen wird, zieht sich die Lebenskraft der Seele zurück. Was den Menschen als Persönlichkeit ausgemacht hat, ist nicht mehr vorhanden. Sobald die Silberschnur endgültig durchtrennt ist, verlieren Seele und Erden-Ich die Verbindung zum Körper.
Nach der endgültigen Durchtrennung des Silberfadens, wenn der Atem zu Gott zurückkehrt, löst sich das körperliche Gebilde des zweiten Körpers auf, da das Erden-Ich in seine formlose Seele eingeht. Dann erfährt es sich in der Allgegenwart des Lichtes.
Das Licht ist die Energie der reinen Liebe, mit der wir alle durch den göttlichen Funken in uns verbunden sind, und ohne den wir gar nicht lebensfähig wären. Dazu heißt es in einer anderen Nahtoderfahrung:

»Ich wusste, dieses Licht war ein Wesen. Und ich wusste, dass dieses Lichtwesen Gott war und kein Geschlecht hatte. Außerdem hatte ich das Gefühl, dass das Licht sprach. Unmittelbar bevor das Licht mich vollkommen umgab, begann ich zu spüren, dass es mich sehr gut kannte.«[79]

All das belegt, dass wir schon während unseres irdischen Lebens Träger dieses göttlichen Funkens sind.

6. Kapitel

Begegnungen mit Verstorbenen

Die Wiederbegegnung in den Nahtoderfahrungen

Innerhalb der Nahtoderfahrungen wird sehr häufig von Begegnungen mit Verstorbenen berichtet. Viele werden schon beim Übergang in die andere Welt in Empfang genommen oder auf ihrer Jenseitsreise begleitet.
Eine Seminarteilnehmerin erzählte mir:

»Dann zog es mich in einen Wirbel, einen spiralförmigen dunklen Tunnel, an dessen Ende sich ein Lichtpunkt befand. Als ich dem Ende entgegensauste, wurde es sehr hell, und dann sah ich meine beiden Eltern dort stehen, die mich in Empfang nehmen wollten. Meine Ängste lösten sich auf in der unverhofften Freude dieses Wiedersehens. Was mich am meisten erstaunte, war ihr blendendes Aussehen. Meine Eltern waren vor fünf Jahren durch einen Verkehrsunfall sehr stark verstümmelt worden. Ich hatte mir immer Sorgen gemacht deswegen, doch nun waren sie ganz und heil, und ich spürte ihre überströmende Liebe.«

Ein Mann wurde aus Versehen durch eine sich lösende Kugel aus dem Gewehr seines Bruders im Bauch getroffen, die bis zur Wirbelsäule durchschlug. Er begegnete während seines Todesnähe-Erlebnisses gleich mehreren verstorbenen Verwandten:

»Mir schwanden die Sinne, doch dann hatte ich das Gefühl, dass es ganz hell wurde, und ich sah viele Personen. Außer

Mutter, Bruder und Arzt waren da noch andere Personen, die schon tot waren, z.B. die Großeltern – alle freuten sich. Dann wurde es dunkel, ich hörte noch einzelne Stimmen, doch die verstummten auch.«[80]

Eine wesentliche Schlussfolgerung aus den Begegnungen mit Verstorbenen ist, dass niemand allein stirbt. Wir werden in Empfang genommen und die Geistführer sind in Liebe und Licht eingehüllt. Eine Frau berichtet über ihren Patenonkel Ben, den sie über alles geliebt hatte:

»Da war er plötzlich, von einer Art innerem Licht erleuchtet. Er lächelte, keine Spur mehr von den furchtbaren Schmerzen, die er am Ende erleiden musste. Ich wusste, dass mir nichts passieren würde mit Ben an meiner Seite. Ich bin noch nie so glücklich gewesen wie in diesem Moment.«[81]

Wegen der Häufigkeit eines derartigen Erlebens entkräftet dieser Aspekt einer NTE das Argument, dass Todesnähe-Erlebnisse Restwahrnehmungen eines sterbenden Gehirns seien. Zudem sind es meistens völlig unerwartete Begegnungen und so mancher trifft Verstorbene, von denen er gar nicht gewusst hatte, dass sie gestorben waren.

»Als ich sechzehn war, hatte ich einen schweren Mofa-Unfall. Ich lag fast drei Wochen im Koma. Während dieses Komas hatte ich eine sehr erschütternde Erfahrung. Und schließlich kam ich zu einer Art Metallzaun, hinter der van der G. stand, der Vater des besten Freundes meiner Eltern. Er sagte zu mir, ich dürfe nicht weitergehen. Als ich wieder bei Bewusstsein war und meinen Eltern diese Geschichte erzählte, sagten sie mir, dass Herr van der G., während ich im Koma lag, gestorben und beerdigt worden sei. Ich konnte gar nicht wissen, dass er tot war.«[82]

Eine Frau schrieb mir:

»Als ich auf das Licht hinschwebte, sah ich ein Kind, das mir zuwinkte. Ich wusste einfach, dass es sich um meine Schwester handelte, die schon vor meiner Geburt verstorben war. Sie teilte mir telepathisch mit, dass meine Zeit noch nicht gekommen sei. Monate später erzählte ich meiner Mutter von dem Erlebnis. Sie zeigte mir ein Foto von Christine, das ich vorher noch nie gesehen hatte. Meine Schwester sah darauf genauso aus, wie ich sie während meiner Nahtoderfahrung gesehen habe.«

Auffällig an all diesen Berichten ist, dass die Verstorbenen meistens jünger aussehen. Sie werden wahrgenommen wie in der besten Zeit ihres Lebens. Das lässt den Schluss zu, dass die Seele von ihrer geistigen Natur her immer ganz und heil ist. Die jeweilige Seelenidentität ist außerhalb ihres Körpers unabhängig von physischen oder psychischen Behinderungen, da diese stets körperlich-biologischer Natur sind. Die Seele bleibt davon unberührt und ist vollkommen.
Was auch zum Tod eines Menschen geführt haben mag, ist für den Zustand der Seele unerheblich: Ob ein Krebsleiden vorangegangen ist, eine psychische Erkrankung, eine angeborene geistige oder physische Behinderung, der Verlust von Gliedmaßen durch einen Unfall, eine Alzheimer- oder Demenzerkrankung – Rollstuhlfahrer haben immer wieder davon berichtet, dass, sobald sie sich außerhalb ihres Körpers befanden, wieder tanzen konnten. Sie waren befreit von allen körperlichen Beeinträchtigungen. Eine Frau drückte das einmal so aus:

»Eins der größten und höchsten Glücksgefühle für mich war, dass meine Oma mir laufend auf zwei Beinen entgegenkam.«

Kinder, die sehr jung gestorben sind, werden als erwachsen oder älter wahrgenommen. Sie werden von den Erlebenden immer erkannt. Ein Mann berichtete während eines Seminars:

»Als ich über dem Operationssaal schwebte, erblickte ich einen Tunnel, der mich magisch anzog. Auf einmal bemerkte ich eine Präsenz, eine Anwesenheit. Ich erkannte meinen Bruder, der mit fünf Jahren an einer Hirnhautentzündung verstorben war. Seine Gestalt war eingehüllt in ein helles Licht, und er war ein ausgewachsener Mann von etwa 25 Jahren. Ich war so erstaunt, ihn zu sehen, und dachte: Er ist so gewachsen! Ich bin sehr glücklich über diese Begegnung und weiß jetzt, dass mein Bruder um mich ist.«

Manche erleben sogar Wiederbegegnungen mit sehr vielen Verwandten. Bob war drei Stockwerke tief aus einem Hochhaus gefallen mit der Folge einer schweren Gehirnverletzung:

»All meine verstorbenen Verwandten waren da. Alle in der Blüte ihres Lebens. Sie waren, so würde ich es ausdrücken, im Stil der Vierzigerjahre gekleidet, was wohl für sie der Höhepunkt ihres Lebens war. Es waren Verwandte, die ich erkannte, wie meinen Großvater, aber auch solche wie Onkel und Tanten, die ich nicht persönlich gekannt habe.«[83]

Peter wäre fast verblutet, weil er sich durch einen tiefen Messerschnitt selbst verletzt hatte. Er war damals sechs Jahre alt.

»Dann schaute ich zu meiner Linken und sah meine Großmutter, die gestorben war, als ich neun Monate alt war. Ich sah alle meine bereits verstorbenen Verwandten, die bei ihr waren, Tausende von ihnen. Sie erschienen mir in einer durchsichtigen geistigen Form.«[84]

Die Wiederbegnung mit verloren geglaubten Verstorbenen werden als außerordentlich freudvoll und ekstatisch geschildert. Es findet ein Austausch, eine Verschmelzung von Energie statt, den die Betroffenen nie vergessen. Sie wissen dann, dass Liebe nie vergeht. Von dieser Freude des Wiedersehens ist im folgenden Beispiel die Rede:

»Ich wurde in Richtung dieses Lichtes aus meinem Körper gezogen. Das Allererste war eine liebevolle und herzliche Begrüßung durch verstorbene Menschen, die mir sehr wichtig waren. Vor allem waren das die Freundin sowie meine Großmutter väterlicherseits. Was mich im Nachhinein sehr frappiert hat, ist, dass ich sie gar nicht gekannt habe, da sie vor meiner Geburt verstorben war. Aber sie war da, um mich zu begrüßen. Die Begrüßung durch die Gestalten war sehr überwältigend, im Grunde genommen war es ein Meer von Liebe.«[85]

Das Leben nach dem Tod ist keine Wunschvorstellung, sondern absolute Realität. Für die Betroffenen ist es der ultimative Beweis für das Leben nach dem Tod, da sie die Erfahrung gemacht haben, Verstorbenen wiederbegegnet zu sein. Der Nebel des Vergessens lichtet sich und sie werden mit Personen konfrontiert, an die sie seit Jahren nicht mehr gedacht hatten. Dadurch fühlen sich die Erlebenden in der geistigen Welt willkommen.
Die Verbindung zu anderen Wesen erfolgt nicht über menschliche Sprache, sondern durch Gedankenübertragung. In einem Bericht heißt es dazu:

»Das war wie in einem Fenster – als ich im Licht war, waren dort meine Schwiegermama, mein Opa und eine mir lieb gewordene Frau eines Lehrers. Wir *redeten* miteinander, *sahen* uns, empfanden uns als *Menschen* – eine sehr liebevolle Atmosphäre! Es war aber ein *Reden,* ohne zu sprechen – wir verstanden uns, ohne dass es der Kommunikation bedurfte.«[86]

Die individuelle Essenz eines Menschen bleibt erhalten, so dass wir in der geistigen Welt in jedem Fall die uns nahestehenden Personen wiedererkennen werden. Die vielfältig geschilderten Begegnungen mit Verstorbenen machen uns darauf aufmerksam, dass es sich um ein geistiges Wiedersehen handelt. Das sind keineswegs menschlich-körperliche Begegnungen. Die Seele an sich ist formlos, und insofern werden dem heimkehrenden Erden-Ich Bilder oder energetische Ausstrahlungen übermittelt, damit sie die Verstorbenen auch erkennen können. Wenn ein weißer Lichtpunkt auf den Erlebenden zukommen würde, könnte das kaum als Mutter oder Freund identifiziert werden.

All diese Vorgänge sind ein energetisches Geschehen, bei dem Raum und Zeit aufgehoben sind. Auf diese Weise werden uns Einblicke in die feinstoffliche Natur der geistigen Welt gewährt. Was den herkömmlichen Sinneseindrücken des Lebens verborgen bleibt, wird nun durch den erweiterten Bewusstseinszustand offenbar. Daher ist es für die Betroffenen auch so schwer, das Erlebte in passende Worte zu kleiden.

»Hinter diesem Lichtvorhang, den ich endlich überschritten hatte, war nur Freude, Lachen von Tausend Menschenstimmen, untermalt von herrlicher, ganz leiser Musik, die es hier unten nicht gibt. Heute weiß ich, warum ich keinen richtigen Menschen sah, wir waren alle unsichtbare Seelen.«[87]

In einem weiteren Bericht heißt es dazu:

»Nebelartige, durchsichtige, dennoch klar erkennbare Menschen kamen freudig auf mich zu. Längst verstorbene Verwandte, Nachbarn, Freunde, alle freuten sich, lebhaft, doch lautlos. Keiner sprach, doch redeten alle, und ich verstand sie. Alle waren rege in Bewegung, aber ohne Unruhe und Hektik. Es gab viel Betrieb ohne Betriebsamkeit. Orte, Häuser waren in weiter Landschaft, ohne Mauern oder gar Zäune. Wesenhaft ohne Körper, alle lichtvoll durchsichtig.«[88]

Die Häufigkeit derartiger Begegnungen mit Verstorbenen ist ein Beleg dafür, dass wir unsere geliebten Verstorbenen wiedersehen werden. Jeffrey Long interpretiert dieses Geschehen in seiner Studie als Beweis für ein Leben nach dem Tod und bezeichnet diese Erlebnisse als absolute Realität.
In diesem Gesamtzusammenhang möchte ich auf die Tatsache der sogenannten Sterbebettvisionen hinweisen. Im Sterbeprozess des Menschen löst sich die Seele gewöhnlicherweise langsam vom Körper. Dadurch ist der Sterbende imstande, übersinnliche Wahrnehmungen der uns stets umgebenden geistigen Welt zu empfangen. Diese Visionen Sterbender sind ein integraler Bestandteil des Sterbeprozesses und verweisen die Angehörigen auf die Anwesenheit einer höheren Macht. Sie treten meist wenige Tage oder Stunden vor dem eigentlichen Tod auf und werden vom Sterbenden bei vollem Bewusstsein erlebt.
Im Außen kann das häufig am veränderten Augenausdruck erkannt werden, der nun groß und leuchtend ist und wie von einem inneren Licht erhellt wirkt. So mancher Sterbende starrt in eine Ecke des Raumes oder an die Decke. Für den Begleiter entsteht dann häufig der Eindruck, dass der Sterbende etwas wahrnimmt, was die anderen Anwesenden nicht sehen können. Typischerweise greifen viele Sterbende dann mit ihren Händen nach oben, als ob sie sich auf ein imaginäres Ziel hinbewegen.
Sehr häufig sprechen sie davon, verstorbene Verwandte zu erkennen, die sie offenbar abholen wollen. Durch die Loslösung der Seele vom Körper ist der Sterbende in einem erweiterten

Bewusstseinszustand, durch den er die Anwesenheit von Geistwesen real sehen kann. Auch hier zeigt sich in aller Deutlichkeit, dass niemand allein stirbt und wir von den Verstorbenen nie wirklich getrennt sind.

Die Praxis hospizlicher Sterbebegleitung der vergangenen 20 Jahre hat viele Berichte und Beschreibungen derartiger Phänomene hinterlassen. In unendlich vielen Broschüren und Büchern über persönliche Erfahrungen in der Sterbebegleitung sind die Sterbebettvisionen dokumentiert worden, und es ist höchste Zeit, ihre Bedeutung für unser Leben zu erfassen: Der Tod ist nur eine Illusion. Wenn wir den Sterbenden dabei unterstützen, seinen nahenden Tod annehmen zu können und Vertrauen in die unsterbliche Seele zu entwickeln, werden wir die sanfte und stille Präsenz der unendlichen Liebe hinter allem Sein spüren. Hierzu ein Beispiel.

»Nach einem schweren Herzinfarkt lag mein Vater schon seit Tagen auf der Intensivstation. Die ganze Familie wusste, dass er sterben wird. Wir verabredeten, dass immer jemand bei ihm war. Wenige Minuten vor seinem Tod öffnete er plötzlich die Augen, die unbeschreiblich liebevoll von innen heraus strahlten. Er starrte auf die weiße Wand vor ihm und flüsterte mehrfach den Namen seines Vaters, der schon seit über 30 Jahren verstorben war. Das Erstaunen und die Freude in seinem Blick verrieten mir, wie sehr er die Liebe, die ihm von seinem Vater übermittelt wurde, spürte. Jetzt konnte er loslassen, und Friede und Stille erfüllten den Raum. Ich spürte eine Gegenwart. Auf seinem Gesicht spiegelte sich etwas, was ich nicht beschreiben kann. Mit diesem Blick in eine ferne Welt starb er.«

Spontane Kontakte nach dem Tod

Die Realität der Wiederbegegnungen mit Verstorbenen während einer Nahtoderfahrung und die Visionen der Sterbenden verweisen eindeutig auf ein Leben nach dem Tod. Das lässt sich auch durch die millionenfach erlebten nachtodlichen Kontakte mit Verstorbenen nachweisen. Es gibt wohl kaum ein Thema, das so stark tabuisiert wird, wie die Nachtodkontakte.

Wir sind es nicht gewohnt, offen über eigene Wahrnehmungen der Gegenwart Verstorbener zu sprechen oder die vielen Zeichen ihres Fortlebens mit anderen zu teilen. Eher zweifeln wir an der eigenen Wahrnehmung und versuchen dann vielleicht, den Kontaktversuch eines Verstorbenen über den Verstand zu analysieren, obwohl die Realität des Erlebten im Gegensatz dazu steht. Die Echtheit der Begegnung mit einem Verstorbenen kann daran erkannt werden, dass der Kontakt von diesem ausgeht und nicht von uns selbst hergestellt werden kann.

Wir sind durch Liebe immer mit den Verstorbenen verbunden. Das ist völlig unabhängig davon, wo sich diese in der geistigen Welt aufhalten mögen. Die Vielfalt und Häufigkeit der Nachtodkontakte – etwa die Hälfte der jeweiligen Bevölkerung eines Landes erlebt sie – verweist auf den Umstand, dass die *Toten* nach wie vor sehr lebendig sind. Sie wollen uns trösten und uns mitteilen, dass sie weiterhin um uns sind.

Was wir am meisten benötigen, ist Vertrauen: Das Vertrauen, in Gott geborgen zu sein, und das Vertrauen in die inneren Impulse der eigenen Seele, die stets in Verbindung mit der Jenseitswelt steht. Dadurch können wir die Gewissheit der Unsterblichkeit erlangen. Die Präsenz, die Gegenwart eines geliebten Verstorbenen, in welcher Form auch immer, ist stets verbunden mit einem inwendigen Gefühl von Liebe, Wärme und Geborgenheit, das sich von innen nach außen ausbreitet.

Die Angst oder die Unsicherheit vor dem Unbekannten kann einen Kontaktversuch mit der anderen Welt blockieren.

Das Gefühl der Gegenwart eines Verstorbenen wird sehr häufig erlebt und tritt in alltäglichen Situationen auf. Dieses plötzliche und unerwartete Auftreten ist ein weiteres Zeichen für die Echtheit eines Nachtodkontaktes. Der Erlebende weiß intuitiv, um wen es sich handelt. Das ist an sich schon sehr bemerkenswert. Tante Anna oder der verstorbene Vater haben offenbar eine unterscheidbare Ausstrahlung, wodurch die Präsenz eines Verstorbenen fühlbar wird. Die Betroffenen wissen genau, wer mit ihnen in Kontakt tritt. Dies kann von einem Angehörigen weder manipuliert noch selbst hergestellt werden.

Da es sich um ein sehr feines, intuitives Erleben handelt, erstaunt es wenig, dass so mancher sein Erlebnis der Gegenwart eines Verstorbenen später als Einbildung oder Wunschvorstellung infrage stellt. Dennoch wissen die Betroffenen genau, dass die spezifische Gegenwart gespürt wurde. Diese Art von Zweifeln hat mit der Unfassbarkeit zu tun und damit, dass es nicht für möglich gehalten wird, dass sich Verstorbene bei uns melden können.

Deswegen spricht kaum jemand mit anderen über seine diesbezüglichen Erlebnisse. Wenn wir offener mit diesen Themen umgehen würden, wüssten wir, dass spontan erlebte Kontakte mit Verstorbenen sehr weit verbreitet sind.

»Marianne trauerte um ihren Vater, der durch einen plötzlichen Herzinfarkt verstorben war. Sie konnte seinen Tod nicht akzeptieren. Eines Nachmittags saß sie in ihrem Wohnzimmer und schaute sich einen Film an. Plötzlich ging der Fernseher von selbst aus, und Marianne fühlte die liebevolle Gegenwart ihres Vaters. Wie aus dem Nichts war er bei ihr in dem Raum. Sie spürte seine vertraute Präsenz und eine pulsierende Wärme um sich. Ihr Vater vermittelte ihr telepathisch, dass er dort, wo er jetzt sei, sehr glücklich wäre. Sie solle aufhören, sich Sorgen zu machen, da alles in Ordnung sei. Marianne fühlte eine Liebe, die sie so noch nie verspürt hatte. Es war für sie, als ob die Zeit stehengeblieben wäre. Dieser fast euphorische Zustand dauerte fast 20 Minuten. Sie fühlte sich durch dieses Erleben behütet und getröstet und konnte endlich den Tod ihres Vaters annehmen.«

Neben der Gefühlsintensität wird häufig ein erweiterter Bewusstseinszustand erfahren. Wir schwingen sozusagen auf einer höheren Frequenz des Seins, wodurch die Trennung zwischen Diesseits und Jenseits aufgehoben zu sein scheint. Das vermittelt die Gewissheit, nicht allein zu sein, und berührt den tiefsten Kern unserer Persönlichkeit. Sehr häufig gehen mit dem Gefühl der Gegenwart Geruchswahrnehmungen einher, die mit einem bestimmten Verstorbenen assoziiert werden. Der Duft tritt plötzlich auf und passt gar nicht zur Umgebung. Es kann sich um ein bestimmtes Parfum handeln, einen Tabakgeruch, Blumenduft oder Ähnliches. Dieser Duft ist ein Erkennungszeichen, der es den Hinterbliebenen leicht macht, den Verstorbenen zu identifizieren.

»Meine Mutter war durch einen Unfall ums Leben gekommen. Ich betete wochenlang um ein Zeichen oder eine Nachricht von ihr. Eines Nachmittags saß ich draußen im Garten, als ich ihren typischen Lavendelduft roch. Das war Zeit ihres Lebens ihr Erkennungszeichen. Die Gegenwart meiner Mutter hüllte mich sanft ein, und ich fühlte ihre Liebe. Sie vermittelte mir, dass sie immer bei mir sei. Ich war sehr erleichtert zu wissen, dass es ihr gut geht.«

Weitere Formen der Nachtodkontakte sind Erscheinungen, Begegnungen mit Verstorbenen im Traum, elektrische Phänomene oder symbolische Kontakte durch Naturereignisse, die in einem spezifischen Kontext mit einem Verstorbenen erlebt werden können. Wer sich näher mit den Nachtodkontakten auseinandersetzen will, sei auf meine Bücher »Hoffnung auf ein Wiedersehen« und »Begegnungen mit dem Jenseits« verwiesen.

Empathische Todesnähe-Erlebnisse

Im Kontext der Nahtoderfahrungen möchte ich auf die weniger bekannten empathischen Todeserlebnisse aufmerksam machen. Das wird in der Fachliteratur auch als *Mitsterben* bezeichnet. Eine empathische Nahtoderfahrung beruht auf Einfühlungsvermögen und starken Gefühlen, die empfunden werden, wenn ein geliebter Mensch stirbt. Die Betroffenen erleben den Übergang eines anderen außerkörperlich mit. Anne starb an den Folgen eines Verkehrsunfalls. Ihr siebenjähriger Sohn erlitt eine schwere Kopfverletzung und starb fünf Tage später. Ein anwesender Freund der Familie berichtet:

»In dem Moment, als er starb, als sein EEG zu einer geraden Linie wurde, sah ich seine Mutter, die kam, um ihn abzuholen. Dabei muss man sich ganz klar vor Augen halten, dass sie schon fünf Tage zuvor gestorben war. Und dann kam es zu dieser unglaublich schönen Wiederbegegnung. Irgendwann reichte sie mir die Hand und bezog mich in ihre Umarmung mit ein. Es war unbeschreiblich und ekstatisch. Und ein Teil von mir verließ meinen Körper und begleitete sie zum Licht. Ich weiß, dass das sehr seltsam klingt, aber in diesem Moment, in dem ich Anne und ihren Sohn auf ihrem Weg zum Licht begleitete, war ich vollkommen bei Bewusstsein und zugleich war ich auch ganz bewusst in dem Raum, in dem die ganze Familie entsetzlich traurig darüber war, dass ihr kleiner Neffe und Enkelsohn gerade gestorben war. Ich begleitete die beiden. Gemeinsam gingen wir auf das Licht zu, doch irgendwann wusste ich, dass ich zurückkehren werde. Ich fiel einfach in meinen Körper zurück. Es war eine derart überwältigende Erfahrung, ich glühte förmlich vor Glück und bemerkte plötzlich, dass ich mit einem strahlenden Lächeln in diesem Raum zwischen all diesen Menschen stand, die grade ein geliebtes Kind verloren hatten.«[89]

Andere berichten davon, am Ort des Todes nicht anwesend gewesen zu sein. Der soeben Verstorbene erreicht aber das Bewusstsein des Angehörigen. Das führt dazu, dass der Angehörige intensiv den Sterbevorgang miterleben kann. Wie sich schon im obigen Beispiel zeigte, werden beim Mitsterben die typischen Merkmale einer Nahtoderfahrung erlebt. Die Betroffenen erleben eine außerkörperliche Erfahrung, sehen sich von oben, gehen durch den Tunnel ins Licht, haben Erscheinungen von anderen Verstorbenen.
Eine ältere Frau berichtete mir nach einem Seminar von ihrem Miterleben des Todes ihres Sohnes.

»Mein Sohn hatte einen Herzinfarkt erlitten und lag auf der Intensivstation. Ich saß Tag und Nacht an seinem Bett, bis mich die Krankenschwester nach Hause schickte. Dort fiel ich in einen tiefen, bleiernen Schlaf, als ich mich plötzlich außerhalb meines Körpers wahrnahm. Ich sah meinen Sohn, der auf einen Tunnel zuschwebte. Christian nahm meine Hand und wir bewegten uns gemeinsam auf das warme Licht zu. Er vermittelte mir telepathisch, stehen zu bleiben, während er ins Licht ging und mit ihm verschmolz. Er lächelte mir zu und übermittelte mir, dass ich mir keine Sorgen machen solle. Wenig später war ich wieder in meinem Körper und erwachte. In dem Moment wusste ich, dass mein Sohn gerade gestorben war. Kurz darauf rief das Krankenhaus an, um mich von seinem Ableben zu informieren. Das Erlebnis vermittelte mir Ruhe und Frieden, sodass ich seinen Tod annehmen konnte.«

Gegenwärtig werden die geburtenstarken Jahrgänge mit dem Sterben der Kriegsgeneration konfrontiert. Die heute Fünfzig- und Sechszigjährigen sind offener für spirituelle Fragen und das Leben nach dem Tod. Zumindest haben viele Frauen die bahnbrechenden Erkenntnisse der Sterbeforschung durch Elisabeth Kübler-Ross oder Raymond Moody als Zeitzeugen miterlebt. So manche Frau engagiert sich ehrenamtlich in der Hospizbewegung.
Durch dieses natürlich erworbene Mitgefühl und die Sensibilisierung der Vorgänge dem Sterbeprozess gegenüber wird immer häufiger von empathischen Todesnähe-Erlebnissen berichtet. Die Hospizärztin Pamela Kirchner klassifizierte dieses Mitsterben als gemeinsame Nahtoderfahrung. Eine Hospizhelferin berichtete mir:

»Frau Müller litt an Knochenkrebs und hatte nur noch wenige Tage zu leben. Ich hatte sie viele Monate begleitet, wollte nun aber mit meiner Familie in Urlaub fahren. Jene Nacht werde ich nie vergessen. Ich saß auf der Veranda unseres Ferienhauses an der Ostsee, als ich die Gegenwart von Frau Müller fühlte, als ob sie mich zu sich rief. Plötzlich befand ich mich außerhalb meines Körpers und blickte erstaunt auf mich herab. Im gleichen Augenblick befand ich mich im Zimmer von Frau Müller. Ich sah, dass ihr Ehemann anwesend war, aber auch ihre verstorbene Mutter, die sie offenbar in Empfang nehmen wollte. Frau Müller befand sich in einer Ecke des Raumes und winkte mir fröhlich zu. Dann war ich plötzlich wieder in meinem Körper. Einige Stunden später bestätigte mir meine Kollegin telefonisch das Ableben von Frau Müller, auch, dass ihr Ehemann anwesend gewesen sei.«

Remos Unfall

Wenn wir tiefes Vertrauen in die Gegenwart eines Verstorbenen aufbauen können, kann es sein, dass er uns nicht nur lebenslang begleitet, sondern uns im Alltag unterstützt, indem er uns in schwierigen Situationen Hilfe schenkt. Das sehr intensive und multidimensionale Erleben von Ramona, das hier im Folgenden beschrieben wird, ist sehr außergewöhnlich. Es zeigt auf, dass durch Vertrauen und Glauben so manches möglich wird, was wir uns vielleicht nicht einmal vorstellen können. Diese Phänomene sind für mich ein Ausdruck dafür, dass jeder an dem Bewusstseinswandel unserer Zeit teilhaben kann, wenn er sich dafür öffnet. Die Grenzen zwischen dieser und der anderen Welt heben sich auf. Einiges deutet darauf hin, dass die Verstorbenen versuchen, uns im globalen Transformationsprozess zu unterstützen, wenn wir es denn erfassen und annehmen können. Dafür sind Liebe und Hingabe erforderlich.
Remo wurde am 24. Dezember 1985 geboren und kam mit einem Lang-Down-Syndrom zur Welt. Remo war der Lichtstrahl in Ramonas Leben. Er strahlte Sanftmut und Freude aus und hatte die Gabe, Menschen im Herzen zu berühren – trotz seiner Behinderung. Die Mutter betont, dass sie durch Remo erfahren hat, was bedingungslose Liebe ist.
Der tragische Unfall, bei dem Remo ums Leben kam, ereignete sich am 21. Oktober 2007. Wie in vielen ähnlichen Fällen gingen Vorahnungen, ungewöhnliches Verhalten und Synchronizitäten voraus. Ramona fühlte intensiv, dass eine große Veränderung bevorstand. Remo wurde immer ruhiger und zärtlicher. An jenem schicksalhaften Tag wollte sie mit ihrem Sohn – wie so oft – zur Oma fahren. Er hatte nicht immer Lust dazu, doch an diesem Tag war er voller Freude und wirkte euphorisch. Bevor er in den Wagen einstieg, fing er von einem Augenblick zum anderen zu tanzen an.

Im Wagen war Remo dann außergewöhnlich ruhig. Er saß friedlich auf dem hinteren Beifahrersitz, und Ramona schaute über sich in einen kleinen Spiegel direkt in seine Augen. Dort sah sie einen Frieden und eine gelassene Sanftmut, wie sie es so zuvor noch nie bei ihm gesehen hatte. In diesem Moment haben sich ihre Seelen berührt, und es war wie ein leiser Abschied von der Zeit, die Mutter und Sohn hier auf Erden haben durften.

Ramona verstand später, dass das letzte Lebensjahr ihres Sohnes ein einziger geistiger Reifungsprozess gewesen sei, der in jenem Moment der Seelenberührung seinen höchsten Ausdruck fand. Diese natürlich unbewussten Vorahnungen Ramonas, dass sich ihr Leben radikal verändern wird, sowie die geschilderte Euphorie Remos und sein innerer Friede kurz vor seinem Tod, sind typische Begleitumstände eines plötzlichen Todes. Immer und immer wieder lässt sich die Feststellung treffen, dass erst im Nachhinein bestimmte Anzeichen darauf hingedeutet haben, dass ein Betroffener indirekt von seinem bevorstehenden Tod wusste.

Die Seele des Menschen kennt ihre Bestimmung und vermittelt entsprechende Impulse. Das betrifft das Erden-Ich des Betroffenen genauso, wie sich diese Vorahnungen auch bei den Angehörigen durch Seelenimpulse einstellen können. So spürte Ramona in den Monaten vor dem Unfall eine immer intensiver werdende innere Unruhe. Sie wusste, dass diese Veränderungen sie selbst und ihren Sohn betreffen.

An jenem verhängnisvollen Unfalltag kam es kurz nach der geschilderten Seelenbegegnung zu einem Frontalzusammenstoß mit einem Wagen, dessen Fahrerin falsch abgebogen war. Ramona erlebte sich wie in Trance, hörte den Aufprall, spürte aber nichts. Remo saß hinter ihr, als sei er bewusstlos. Er sah aus, als würde er schlafen, blutete aber stark aus der Nase. Ramona stieg benommen aus dem Auto und wollte ihm helfen. In dem Moment setzten ungeheure Schmerzen in ihrer

Schulter ein, und sie bekam kaum noch Luft. Die ersten Hilfskräfte trafen am Unfallort ein und wenig später auch die Polizei. Sie holten Remo aus dem Auto und legten ihn auf eine Decke. Wie im Traum nahm Ramona das Kennzeichen des Unfallwagens wahr: NN–12–85, Remos Geburtsdaten! Ein Notarzt verabreichte ihr ein Schmerzmittel, doch sie wusste immer noch nicht, was mit Remo war. Wenig später teilte der Arzt ihr mit, dass Remo tot sei. Ramona wollte das nicht wahrhaben. »Nein, das kann nicht sein, das ist alles nur ein Albtraum, nicht Remo, der ist zu Hause und wartet auf mich!«

Trotz der eigenen, sehr schweren Verletzungen (Zertrümmerung des gesamten Schultergelenkes wie auch des Oberarmes, Prellungen des Brustkorbs sowie Rippenbrüche), bestand sie darauf, nach Hause gebracht zu werden. In der leeren Wohnung wurde ihr bewusst, dass Remo tatsächlich ums Leben gekommen war. Voller Verzweiflung und ohnmächtiger Wut ließ sie sich ins Krankenhaus bringen.

Erste Zeichen

Ramonas Zustand war besorgniserregend. Sie musste sich einer schweren Operation unterziehen. In der Nacht davor sah sie einen Stern, der sie irgendwie tröstete. Sie war sehr aufgewühlt und spürte in ihrem Inneren Remos Nähe, aber sie verstand dieses subtile Zeichen seiner Gegenwart noch nicht. Nach der Operation wurden die Schmerzen unerträglich. In ihrer Verzweiflung wandte sich Ramona an ihren Sohn. »Remo, Mama kann nicht mehr, bitte hilf mir!« Am nächsten Morgen waren zum Erstaunen aller die Schmerzen verschwunden.

Wenige Tage später bekam sie Besuch von der Bestatterin. In ihrer Gegenwart konnte sie zum ersten Mal weinen und ihr wurde bewusst, wie viel sie ihrem Sohn noch sagen wollte. Und wieder spürte Ramona Remos Nähe und Gegenwart, obwohl sie es nicht verstand, da sie glaubte, dass mit dem Tod alles zu Ende sei.

Einige Tage vor der Beisetzung sollte sie geröntgt werden, weil der Arzt sich vergewissern wollte, ob sie in ihrem Zustand nach Hause gehen könne. Als sie den Raum betrat, wurde im gesamten Komplex ein Alarm ausgelöst, und es kam zu einem kurzen Stromausfall. Heute weiß Ramona, dass sich Verstorbene häufig über Elektrizität kundtun.

Zu Hause stellte sie als Erstes ein Bild von Remo auf und zündete eine Kerze an. Dann ging sie in sein Zimmer und fühlte, wie hier ihr Schmerz gelindert wurde. Dann nahm sie allen Mut zusammen, um sich von Remo in der Leichenhalle zu verabschieden. Er war in einem blauen Sarg mit Sternen aufgebahrt. Sie küsste seine Stirn, streichelte seine Hände und bedankte sich für alles, was er ihr in seinem Leben an Freude und Liebe geschenkt hatte. Dieses letzte Verabschieden ist für Angehörige überaus wichtig, um sich zu vergewissern, dass der geliebte Mensch wirklich gestorben ist – besonders bei einem plötzlichen Tod.

Am 3. November fand die Beerdigung unter großer Anteilnahme der Bevölkerung statt. An seinem letzten Schultag hatte Remo jedem seiner Lehrer eine rote Rose geschenkt. An diesem Tag legten alle Lehrer und Mitschüler eine rote Rose nieder. Es wurden Lautsprecher für die große Trauerfeier aufgestellt. Als der Pfarrer mit seiner Ansprache beginnen wollte, kam es zu einem totalen Stromausfall, dessen Ursache nie geklärt werden sollte. Ramona spürte dabei die Gegenwart Remos.

Multiple Phänomene

Nach der Beisetzung fiel Ramona in ein tiefes schwarzes Loch der Trauer. Sie war zutiefst verzweifelt und verlor jeden Lebensmut. Wie so viele andere in ähnlichen Situationen fragte sie sich, warum sie überhaupt noch am Leben war. Remo fehlte ihr unendlich. Gleichzeitig begann sie damit, all ihre Sorgen und Schmerzen in ihre Gebete zu legen. Sie vertraute ihrem Sohn alles an und legte es in seine Hände. Jeden Abend betete sie: »Lieber Gott, nimm Remo zu dir, dort, wo es alles an Licht und Liebe und Herrlichkeit übersteigt.«
Sie ging täglich auf den Friedhof. Anfang Dezember, es war sehr mild für diese Jahreszeit, regnete es sehr stark. Auf einmal brach die Sonne durch, und es erschien ein wunderschöner Regenbogen. Ein derartiger symbolischer Kontakt mit einem Verstorbenen setzt ein starkes Zeichen der Hoffnung und wird von vielen Menschen erlebt.
Remos Geburtstag am Heiligen Abend rückte näher. Wieder einmal saß Ramona voller Verzweiflung in seinem Zimmer. Ihr Sohn war ein sehr ordnungsliebender und penibler Mensch gewesen, für den jedes Ding seinen spezifischen Platz gehabt hatte. Sie nahm sein Lieblingsbuch aus dem Regal und ließ es im Raum liegen. Am nächsten Morgen stellte sie zu ihrem Erstaunen fest, dass das Buch wieder an seinem Platz im Regal stand! Zum ersten Mal fühlte sie wieder so etwas wie Freude, obwohl ihr Verstand all diese Phänomene noch nicht wirklich fassen konnte. Verstorbene weisen häufig durch das Bewegen von Gegenständen auf ihre Anwesenheit hin.
Wenige Tage später spürte Ramona eine vertraute körperliche Berührung seitens ihres Sohnes. Sie lag auf der Eckcouch des Wohnzimmers, als sie seine Nähe spürte und er sie wie früher streichelte.
Trotz all dem quälte sie beständig die Frage, ob es Remo gut

gehe. Am Heiligen Abend fuhr sie zu ihrer Mutter. Hier spielten die Haustiere verrückt. Der Kater sprang gegen den Käfig der Wellensittiche, die daraufhin wie aufgescheucht im Haus umherflogen. In ihrem Schmerz des ersten Geburtstages von Remo erkannte sie es nicht als Zeichen seiner Anwesenheit. Es ist jedoch eine empirisch belegte Tatsache, dass besonders Haustiere die Anwesenheit eines Verstorbenen durch ihren sechsten Sinn bemerken und ein ungewöhnliches Verhalten an den Tag legen.

Wenige Tage später erhielt Ramona den ultimativen Beweis für die Präsenz Remos. Wieder einmal schaute sie in den Sternenhimmel, als sie plötzlich den Kopf und das Gesicht Remos, bis zur Brusthöhe in Licht eingehüllt, erblickte. Von ihm gingen Lichtstrahlen aus, die sie so noch nie gesehen hatte. Sie schreibt in ihrem Bericht: »Mir stockte der Atem. Mein Herz schlug mir bis in die Fingerspitzen, und ich bekam kaum Luft. Ich fragte Remo: Bist du es? Und er nickte. Man kann sich überhaupt gar nicht vorstellen, was mit einem geschieht, wenn man den Menschen, den man über alles liebt, den man glaubt, für immer verloren zu haben, auf einmal so sehen darf, und die Gewissheit hat, dass nicht alles zu Ende ist.«

Es war für sie ein Augenblick unbändiger Freude. Alles Schwere hob sich auf in der Gewissheit, dass Remo im Licht der göttlichen Liebe ist. Über drei Stunden sprach sie telepathisch mit ihrem Sohn. Sie wusste nun, dass es ihm gut ging, und dann sah sie den verstorbenen Opa und einen Onkel bei ihm. Sie sah, wie beide den Arm um Remo legten. Seit damals verging kein Tag, ohne dass Ramona ihren Sohn sah und mit ihm kommunizierte. Lebensmut und Freude kehrten zurück. »In Remo sehe ich Gottes sichtbare und spürbare Liebe in meinem Herzen.«

Bis zu diesem Erleben hatte Ramona kaum mit anderen über die vielfältigen Zeichen der Gegenwart ihres Sohnes gesprochen. Nun sprach sie nicht nur mit ihrer Familie offen darüber, sondern auch mit ihrer Psychologin, die sich ihre Fortschritte gar nicht erklären konnte.

Seit dem schweren Unfall war Ramona nicht mehr Auto gefahren. Dann kam der Zeitpunkt, als Remo sie telepathisch aufforderte: »Mama, du musst wieder Auto fahren! Oma braucht dich, ich bin bei dir!« Sie fuhr bis zum Friedhof, doch Remo forderte sie auf: »Mama, fahre! Ich bin bei dir und gebe dir Ruhe!« Ramona fuhr einfach los und hatte dabei das Gefühl, dass ihr Sohn neben ihr im Auto saß.

Remo begleitet sie jeden Tag ihres Lebens. Ramona schreibt: »Es vergeht kein Tag, an dem er mir keine Freude macht. Wir sind wie eins geworden. Die schönsten Augenblicke erlebe ich, wenn er mich körperlich berührt. Als ich das zum ersten Mal so richtig im Wachzustand erleben durfte, war es eine Wärme und Liebe, die durch jede Faser des Körpers geht. Noch nie habe ich eine solche Liebe empfunden. Sie berührt mein Herz und meine Seele.«

Seit Ramona Remo sehen durfte, schaut sie häufig in das Sonnenlicht. Dieses Licht symbolisiert Gott, und Remo ist in diesem Licht. Das Sonnenlicht tut ihren Augen nicht weh und blendet sie nicht.

Etwa anderthalb Jahre nach seinem Tod forderte Remo seine Mutter telepathisch auf, sofort die Oma anzurufen. Sie hörte schon an deren Stimme, dass sie kaum in der Lage war, zu sprechen. Die Oma war herzinfarktgefährdet. Der Rettungsdienst wurde informiert und war schnell vor Ort. So konnte die Oma gerettet werden. Es zeigt sich immer wieder, dass Verstorbene in gefährlichen Situationen eingreifen, allerdings nur dann, wenn das sein soll. Sie haben einen größeren Überblick und ebenfalls Einblick in Dinge, die erst noch geschehen werden.

Ein besonderes Trauma für Ramona war die Begegnung mit dem Unfallort. Sie weigerte sich beharrlich, ihn aufzusuchen, auch nicht mit der Psychologin an ihrer Seite. Wieder war es

Remo, der sie aufforderte, sich selbst zu überwinden. Ramona hatte große Angst davor, alles noch einmal durchleben zu müssen. In ihrem Bericht beschreibt sie die Situation, die sie von ihrer Blockade befreite: »Ich krampfte meine Hände in das Lenkrad. Das Atmen fiel mir schwer. Ich musste direkt an der Unfallstelle vorbeifahren. Ich konnte nur noch rechts heranfahren und anhalten. So habe ich noch nie geschrien. Alles, was an jenem Tag erstarrt war, kam in diesem Moment wie ein Ventil zum Ausbruch. Ich konnte mich nicht bewegen und war wie gelähmt. Ich schrie: ›Remo! Mama hat es geschafft!‹ Es dauerte eine Weile, bis ich aussteigen konnte. Ich hatte einen Strauß Rosen gekauft für den Friedhof. Ich nahm ihn und konnte nach über zwei Jahren meine ersten Blumen für Remo niederlegen an dem Ort, an dem mir vor zwei Jahren das Herz zerrissen ist.«

Einige Tage später erlebt Ramona einen nicht vorhersehbaren Höhepunkt des geistigen Geschehens mit Remo: Ihr rechter Arm, der durch den Unfall zertrümmert wurde, den die Ärzte amputieren wollten und der ihr außerordentliche Schmerzen bereitete, sodass sie auf Morphium angewiesen war, wird durch ihren Sohn geheilt. Sie beschreibt ihre Empfindungen: »Es geht mir eine Liebe, eine Wärme durch den ganzen Körper. Mein rechter Arm wird so heiß, er glüht regelrecht. Remo ist mir durch den Arm gegangen. Ich habe die Augen geschlossen, bin aber wach. Ich sehe Remo in Begleitung eines jungen Mannes, sehr schlank, dunkles Haar, etwas längere Koteletten ins Gesicht gezogen.«

Am nächsten Tag beginnt sie damit, das Morphium abzusetzen. Sie spürt deutliche körperliche Veränderungen sowie einen Zuwachs an Energie. Es ist unfassbar: Alle Schmerzen sind verschwunden, und Ramona kann ihren Arm bewegen, als sei nie etwas gewesen – trotz der vielen Verdrahtungen und Schrauben, die ihren Arm bisher zusammengehalten haben. Für die Ärzte ist diese Wunderheilung nicht erklärbar, und

doch ist sie geschehen. Ihre geistigen Kanäle wurden immer offener, ebenso wie sich ihr Sehen und ihre Wahrnehmung beständig erweitern.
Kurz darauf bilden sich pyramidenförmige Lichtstrahlen vor ihrem inneren Auge. Remo ist darin eingehüllt. Sie erkennt immer deutlicher, dass ihr Sohn in beständiger Begleitung von bis zu sieben Lichtwesen ist. Ramona interpretiert das so, dass ihr Sohn auf eine höhere Lichtebene gegangen ist. Sie erlebt einen Prozess zunehmender Hellsichtigkeit, wie auch die Intensität der geistigen Botschaften zunimmt. Eines Abends hört sie Remos Stimme auch im Außen so, wie er zu Lebzeiten immer zu ihr gesprochen hat.
»Mama, es ist wunderschön dort, und es geht mir gut. Ich lebe, doch nicht ich, sondern ER lebt in mir. ER ist das Wort, der Geist, die Liebe, die wir bleiben ewiglich in SEINEM Licht. Ich weiß, dass ER, wie ich es immer erleben darf, in allem, überall und in mir sein kann.«
Eine Woche später sitzt Ramona müde auf dem Beifahrersitz nach einem Besuch bei ihrer Mutter. Sie schließt die Augen und befindet sich in Sekundenschnelle am Unfallort. In einer Vision erlebt sie den Übergang ihres Sohnes in die andere Welt.
»Ich sehe den Krankenwagen und Remo liegt am Boden. Die Ärzte schneiden seinen Pullover auf und versuchen, ihn zu reanimieren. Remo steht daneben wie in einem lichtdurchlässigen, leicht bläulichen Nebel. Er sieht alles, was mit ihm geschieht. Ich erlebe seinen Übergang mit seinen Augen. Es wird dunkel und ich sehe in einiger Entfernung ein ganz starkes Licht, von dem zarte Strahlen ausgehen. Nachdem ich wieder zu mir gekommen war, habe ich zu Hause die Bestatterin angerufen. Sie bestätigte mir, dass Remos Pullover aufgeschnitten wurde. Das wusste ich vorher gar nicht. An diesem Abend sah ich Farben von unbeschreiblicher Schönheit, die ineinander zerflossen, um immer neue Gebilde zu formen. Ich habe so etwas noch nie gesehen.«

Ramonas Wahrnehmung verändert und erweitert sich durch den intensiven Kontakt mit ihrem verstorbenen Sohn. Interessanterweise spricht Remo eines Nachmittags davon, dass der Zeitpunkt seiner Rückkehr in die geistige Welt vorherbestimmt war. Die nun folgende Botschaft wird für viele außerordentlich trostreich sein.

»All meine Begrenzungen, die ich im Leben hatte, sind hier aufgehoben. Genauso ist es mit dir. Durch mein Sterben hast du eine Wandlung, ein höheres Bewusstsein erlangt. Du hast erkannt, dass wir geistige Wesen sind. Das Leben ist eine Schule, in der wir nur eines lernen müssen, an den Umständen unseres Lebens geistig zu wachsen, zu lieben und Liebe zu geben. Meine Schulzeit auf Erden war beendet. Ich wusste, dass ich in der anderen Welt erwartet werde, in der allumfassenden Liebe, in der alles mit allem anderen Sein verbunden ist. Vertraue auf diese göttliche Liebe, in der wir bleiben ewiglich.«

Ramona erlebt Bewusstseinszustände von kosmischer Einheit und ist eingehüllt von Liebe und Wärme. Für einen Moment hat sie das Empfinden, direkt ins Jenseits blicken zu können.

»Es war, als ob ein großes Buch aufgeschlagen wird. Die erste Seite war mit wunderschönen Farben bedeckt, die immer schöner wurden. Sie sahen aus wie Gebäude und Engelsfiguren, die auf einem Sockel stehen, aber alles aus Lichtstrahlen. Dann bildeten sich Lichtwesen aus den Strahlen und sie schwebten. Mein Herz raste, mir stockte der Atem, als hätte Gott mir gestattet, einen Augenblick dort zu sein. Es war, als ob sich alles Irdische auflöst, und ich spürte einen unbeschreiblichen Zustand höchsten Glücks.«

Remo ermuntert sie beständig durch seine Präsenz und seine Botschaften. Für Ramona hat sich ein Tor in die andere Welt geöffnet. Sie hat Heilung erfahren und erlebt im Wachzustand Dinge, die sonst nur in Nahtoderfahrungen zugänglich sind. Remo bestärkt sie durch folgende Worte:

»Mama, dein Glaube hat dich stark gemacht. Du wirst in Dinge eingeweiht, die jenseits deines Verstandes liegen. Vertraue, der Weg wird dir geebnet. Für dich ist es zur Gewissheit geworden, dass wir niemals in der allumfassenden Liebe Gottes verlorengehen. Was du erlebst, wirst du den Menschen vermitteln, da sich dein Sehen, dein Wahrnehmen erweitert. Vertraue immer weiter. Du spürst in deinem Innersten, dass Großes geschehen wird. Für einen Augenblick hast du es empfunden, als wenn der Atem Gottes dich berührt hat. Du warst eins mit ihm und allem Sein. Du wirst in deinem Leben erfahren, was dein Vertrauen in diese allumfassende Liebe vermag. Geistige Unterstützung lenkt dein Leben. Lasse niemals die Zweifel anderer in dir aufkommen, sondern verstehe SEIN Wort, um danach zu leben. Selig ist derjenige, der die Anfechtung erduldet. Du weißt nun, wer und was dich trägt!«

Alles, was Ramona erleben durfte, so betont sie es immer wieder, verdankt sie ihrem Sohn und Gott, der sie nie verlassen hat. Es war ein langer Prozess, die Dinge so anzunehmen, wie sie sind. Sie konnte Remo als Lehrer für ihr weiteres Leben annehmen. Er ist stets bei ihr und trägt sie durch seine Liebe. Sie hat gelernt, ihrem verstorbenen Sohn und seinen Mitteilungen bedingungslos zu vertrauen.

Gottvertrauen und Liebe machen alles möglich. Insofern ist es wenig erstaunlich, dass derart weitreichende Kontakte mit Verstorbenen durch den gegenwärtigen geistigen Bewusstseinswandel immer häufiger erlebt werden. Die Liebe und das Licht des EINEN vermögen, dass dem Menschen alles offenbart wird, was sie für ihr Leben brauchen. Alle Zweifel und Ängste heben sich auf durch Vertrauen.

7. Kapitel

Die Bedeutung der Lebensrückschau

Der Lebensfilm

Von der Lebensrückschau, bei der das ganze Leben noch einmal wie ein Film abläuft, haben die meisten Menschen schon gehört oder gelesen. Anzahl, Tempo und Klarheit dieser Bilder sind außerordentlich erstaunlich.

»Es war phänomenal. Ich sah in meinem Hinterkopf eine Reihe, eine unendlich lange Reihe von Gedanken, Erinnerungen, Dingen, die ich geträumt hatte, ganz allgemein Gedanken und Erinnerungen aus der Vergangenheit, alles jagte an mir vorüber in weniger als 30 Sekunden. Es war, als würde ich durch all diese Erinnerungen hindurchgehen und meine gesamte Erinnerung von einem Band abgespielt – und zwar rückwärts.«[90]

Es ist meine persönliche Überzeugung, dass wir durch die Beschäftigung mit der Tiefe und lebensverändernden Kraft der Lebensrückschau unser eigenes Leben zu verändern vermögen. Besonders dieser Aspekt der Nahtoderfahrung zeigt auf, dass wir alle mit allem anderen Sein verbunden sind. Nichts geht verloren: Weder Angst noch Freude, Schmerz oder Glück. Alles, was in unserem Leben geschieht, ist in einen größeren geistigen Sinnzusammenhang eingebunden, der sich spätestens durch die Gesamtschau des Lebens jedem Einzelnen offenbart.

Viele Menschen berichten davon, ihr Leben noch einmal komplett durchlebt zu haben. Sie sind dabei nicht nur passiver Zuschauer, sondern befinden sich voll und ganz in den jeweiligen Szenen ihres Lebens. Ein junger Mann berichtete mir:

»Es war, als wäre ich wieder dort gewesen, als hätte ich alles noch einmal durchlebt. Es war nicht nur visuell, sondern als ob ich mein Leben noch einmal gelebt hätte.«

Das Noch-einmal-Erleben jedes Gedankens, der gedacht wurde, aller Worte, die gesprochen wurden, und jeder Handlung, die von einer Person vollbracht wurde, lassen sich durch unser gewöhnliches Erinnerungsvermögen nicht erklären. Wie viele Dinge vergessen wir schon nach wenigen Tagen, selbst wenn sie uns in einem bestimmten Augenblick wichtig erschienen. Die Konfrontation mit allem, was im Leben geschehen ist, wird in ihren wahren Dimensionen erst deutlich, wenn wir verstehen, dass auch die Auswirkungen und Konsequenzen unseres Lebens in diesem Rückblick enthalten sind. Darüber sind wir uns während unseres Lebens oft nicht einmal ansatzweise bewusst.

Die doppelte Perspektive

Die Betroffenen erleben eine Art Rollentausch, bei dem sie die direkte Wirkung dessen spüren, was sie anderen zugefügt haben.

»Tom war als Jugendlicher sehr unausgeglichen und launisch. Er fuhr mit seinem aufgemotzten Wagen gerne schnell durch seine Stadt, bis ihm eines Tages ein Fußgänger fast ins Auto lief. Tom war darüber sehr wütend und aufgebracht. Es wurden zornige Worte gewechselt und schließlich kam es sogar zu einer Schlägerei, bis der andere bewusstlos auf der Straße zusammenbrach. Jahre später erlebte Tom diese Situation in seiner Nahtoderfahrung noch einmal. Ein Teil seines Selbst sah die Situation distanziert von oben, doch ein anderer Aspekt von ihm war direkt an der Schlägerei beteiligt. Tom erlebte sich nun in der Rolle des Mannes und spürte jeden Schlag selbst, bis er bewusstlos zusammenbrach.«

Diese doppelte Perspektive auf das eigene Leben konfrontiert die Erlebenden damit, dass jeder von uns für sich selbst verantwortlich ist. Der ungeschminkte Blick auf die eigene Person findet in der Einheit der Zeitlosigkeit statt. Wir haben Zugang zum Bewussten und Unbewussten unseres Lebens und zu Energiefeldern, in denen jeder Gedanke, jedes Wort und jede Handlung eines Menschen mit seinen Auswirkungen auf andere gespeichert sind. Diese Ganzheitlichkeit des Erlebens, die uns im Alltag nicht zugänglich ist, weist uns darauf hin, dass wir Teil eines allumfassenden Bewusstseins sind, in dem selbst der unbedeutende Gedanke nicht verloren geht.

Indem die Situationen unseres Lebens unverfälscht und objektiv wieder aufscheinen, erkennen wir, dass wir nichts wirklich verbergen können. Während des Erdenlebens können wir unangenehme Dinge oder Wahrheiten über uns selbst verdrängen oder vor anderen verbergen. Spätestens im Sterbeprozess werden wir mit den nicht gelösten Problemen konfrontiert. Die Nahtoderfahrung zeigt, dass sich jeder mit seinem gelebten Leben auseinandersetzen muss und sich selbst ungeschminkt ins Gesicht schaut – so, wie das Leben wirklich war, ohne Schnörkel, ohne Beschönigung, ohne die geringste Verdrängungsmöglichkeit.

Jeder hinterlässt seine Spuren im kosmischen Weltgedächtnis, und deshalb wird der Mensch lernen müssen, seine Lebenserfahrungen in einem ganzheitlichen Sinn zu verstehen. Je mehr wir uns des Eingebundenseins in ein großes Ganzes bewusst werden, desto klarer werden die Zusammenhänge und die Bedeutung bestimmter Geschehnisse in unserem per-

sönlichen Leben. Der Lebensfilm findet immer in der Präsenz einer höheren Liebe statt. Die Wahrheit über das gelebte Leben offenbart sich, so wie es tatsächlich war, aber auch, wie es hätte sein können.
Göran berichtet hier von einem Konflikt mit seinem Bruder während der Kindheit, auf den er sehr eifersüchtig war:

»Seine Liebe gab mir den Mut, mein Leben bis zu diesem Punkt durchzugehen. Ich sah, erlebte erneut und erinnerte mich an Dinge, die in meinem Leben geschehen waren; und nicht nur das faktische Geschehen, sondern auch die damit verbundenen Emotionen.
Durch die Liebe und das Verständnis des Lichtwesens fand ich den Mut, zu erkennen und mit offenen Augen und ohne Verteidigung zu sehen, was ihn an meinem Verhalten wehgetan hatte. Das Lichtwesen bot mir für die meisten Episoden, die wir durchliefen, eine alternative Handlungsweise an; nicht was ich hätte tun sollen, denn das wäre ja moralisierend gewesen, sondern was ich hätte tun können – eine offene Einladung, die mir vollkommen die Freiheit ließ, seine Vorschläge zu akzeptieren oder abzulehnen.«[91]

Die Lichtgestalt

Ein anderer Erlebender charakterisiert die Funktion der Lichtgestalt während seiner Lebensrückschau:

»Dann kam eine Lichtgestalt ins Spiel – eine sehr große Erscheinung, die mir mein Leben erklärte. Sie wusste etwas aus meinem leben, das ich längst verdrängt, oder besser: nicht mehr als Last empfand. Es war überhaupt nichts von Verurteilung, nur war mir klar, dass da etwas in meinem Leben nicht in Ordnung gewesen war.«[92]

In keinem der zahlreich dokumentierten Fallbeispiele ist jemals davon die Rede gewesen, dass das Lichtwesen in irgendeiner Art und Weise selbst die negativsten Dinge unseres Lebens verurteilt. Wir sind Beobachter und Handelnder des eigenen Lebens und schauen der Wahrheit objektiv ins Gesicht. Es gibt in dieser Situation die Erfahrung von Schuld und Versäumnis, aber auch des unbedingten Gefühls, trotz aller Fehler geliebt zu werden. Dieser ungefilterte Blick auf die eigene Innenwelt wird mitunter als sehr unangenehm empfunden.

»Plötzlich spulte sich mein ganzes Leben vor mir ab. Jedes Gefühl, das ich im Leben gehabt hatte, fühlte ich wieder. Und meine Augen zeigten mir, wie sich dieses Gefühl auf mein Leben ausgewirkt hatte. Wie mein Leben bis dahin auf das Leben anderer Menschen eingewirkt hatte, und dabei umgab mich das Gefühl reiner Liebe als Vergleich. Und ich schnitt dabei maßlos schlecht ab. Wenn du siehst, wie viel Liebe du hättest geben können – das ist einfach verheerend.«[93]

Wir sind sozusagen der eigene Richter und gleichzeitig in die bedingungslose Liebe des Lichtwesens eingehüllt. Zurück bleibt die Erkenntnis einer lebens- und persönlichkeitsverändernden Erfahrung. Das wird besonders deutlich durch die Nahtoderlebnisse von Menschen nach einem Suizidversuch. Die Betroffenen erkennen die Absichten und Motive ihrer Handlungen, die sie in eine ausweglose Situation gebracht haben. Wenn die Selbsttäuschung aufgehoben wird, kann daraus neuer Lebensmut erwachsen. Sabine berichtete mir:

»Alles passierte in einem einzigen Augenblick. Ich besaß ein totales und klares Wissen darüber, was ich je erlebt hatte. Gleichzeitig spürte ich jedes Leid, das ich anderen durch mein Verhalten zugefügt hatte. Dennoch signalisierte das Lichtwesen Verständnis und Vergebung. Ich schämte mich. Ich erfuhr, dass Liebe das Wichtigste auf der Erde ist, und erkannte, wie viel Liebe ich hätte geben können. Ich erlebte meinen ganzen Zorn, die aufgestaute Wut und den Hass auf andere und erkannte, warum ich mir das Leben nehmen wollte. Aber genau deswegen konnte ich mich selbst besser annehmen. Ich wusste, dass dieses Licht immer für mich da ist.«

Das alles ist der Grund, warum Sabine zurückkehren musste, um ihr Leben zu verändern, um durch Selbsterkenntnis an den eigenen Schwächen und Unzulänglichkeiten zu arbeiten. Dadurch stieg ihr Selbstwertgefühl, und sie hatte ein wesentlich erfüllteres Leben.

Nichts geht verloren

In der geistigen Welt können weder Gedanken noch Gefühle geheim gehalten werden. Jeder nimmt sie dort genauso wahr, wie sie sind. Alle Charakter- und Persönlichkeitsmerkmale sind ein offenes Buch. Deshalb ist es so wichtig, schon zu Lebzeiten die eigenen unerledigten Dinge zu bearbeiten. Wir sind auf der Erde, um bestimmte Dinge zu erkennen und zu lernen. Jede Kleinigkeit, die wir tun, ist festgehalten und kommt in der Lebensrückschau zum Vorschein. Der Maßstab ist Liebe, und genau deswegen sind wir geboren worden, um lieben zu lernen. Was immer wir aus der irdischen Perspektive für wichtig halten mögen, materiellen Gewinn, Macht, Äußerliches, Ruhm – all das spielt in der Lebensrückschau keine Rolle. Es sind die kleinen, liebevollen Gesten, die nun wichtig werden. Es gibt bestimmte, allgemeingültige Werte, nach denen wir leben sollen. Wenn uns die Situationen unseres Lebens mit ihren Auswirkungen auf andere gezeigt werden, erkennen wir diese in lebhafter und kraftvoller Weise.

»Zu erkennen, dass das Wichtigste die menschlichen Beziehungen und Liebe ist und nicht materielle Dinge. Wenn Sie zum Beispiel an einer Ampel stehen und es eilig haben, und der Wagen fährt bei Grün nicht sofort los und Sie hupen und schreien, er soll doch endlich Gas geben. Das sind die kleinen Dinge, die wirklich wichtig sind.«[94]

In einem weiteren Beispiel heißt es:

»Hast du getan, was du tun solltest? Du denkst, oh, ich habe einem Bedürftigen sechs Dollar geschenkt, das war doch großartig von mir, aber das bedeutet gar nichts. Es sind die kleinen Dinge – vielleicht ein verletztes Kind, dem du geholfen hast, oder ein Kranker, bei dem du einfach einmal vorbeigeschaut und Hallo gesagt hast. Das sind die wichtigen Dinge.«[95]

Wenn wir den Mitmenschen gegenüber liebevoller wären und echtes Mitgefühl den Alltag bestimmen würde, könnten sich die zwischenmenschlichen Beziehungen über Nacht verändern. Die Rücksichtslosigkeit und emotionale Kälte, die wir in unserer Gesellschaft so sehr beklagen, die Ellenbogenmentalität, die den anderen als Konkurrenten zur Seite schiebt für den eigenen Vorteil, würde sich durch ein wenig mehr Mitmenschlichkeit und Verständnis für die Nöte des anderen positiv verändern.

Die goldene Regel

Die Aussagen der Menschen mit Nahtoderfahrung machen uns darauf aufmerksam, dass die wesentliche Richtschnur menschlichen Verhaltens die goldene Regel ist: »Was du nicht willst, dass man dir tu', das füg' auch keinem anderen zu!«

Die Lebensrückschau zeigt auf, dass die goldene Regel die Art und Weise ist, wie menschliches Miteinander funktioniert. Was immer wir anderen angetan haben, erleben wir in der Lebensrückschau als das, was wir uns selbst angetan haben. Ein Mann drückte das nach seiner NTE so aus: »Ich war die Leute, die ich verletzte, und ich war die Leute, denen ich zu guten Gefühlen verhalf.«

Es geht dabei nicht um Strafe oder Belohnung, sondern der Lebensrückblick ist ein Instrument ausgleichender Gerechtigkeit. All das dient lediglich dem Wachstum, da das Leben mit allen positiven und negativen Aspekten noch einmal erlebt werden muss, damit wir aus unseren Fehlern lernen können und daran wachsen. Wir erkennen nun, dass Liebe die einzige Wirklichkeit ist. Es gibt keine Hölle und jedem ist bereits vergeben. Jedes einzelne Wesen – und mag es noch so furchtbare Taten begangen haben – geht irgendwann ins Licht. Die ganzheitliche Rückerinnerung an die eigenen Handlungen wird mitunter als Hölle beschrieben. Dazu heißt es in einem Beispiel:

»Es war in diesem Albtraum der Verletzungen, die ich anderen zugefügt hatte, nichts weggelassen. Aber das Schrecklichste daran war, dass sie jedes Leid, das ich anderen zugefügt hatte, jetzt selbst zu spüren bekam. All das noch einmal erleben zu müssen, ist die Hölle gewesen.«[96]

Liebe als objektiver Maßstab

Gut und Böse, richtig oder falsch sind die Fallstricke unseres Lebens, da diese Polaritäten stets Urteile und Verurteilungen nach sich ziehen. Viele Menschen, die mir Briefe oder Mails schreiben, stellen immer wieder die Frage nach der Existenz der Hölle. Der Mensch hat die Wahl, sein Leben selbst zu ge-

stalten. Für all die unsäglichen Grausamkeiten, die geschehen, ist nicht Gott verantwortlich, sondern der Wille des Menschen. Die geistige Welt greift darin nicht ein.
Die daraus resultierende Frage ist immer: Warum lässt Gott das zu? Das Böse ist keine außerhalb des Menschen stehende Kraft, die ihn ständig verführen will, sondern ein Aspekt der eigenen Innenwelt und des Mangels an Liebe. Wenn Wut, Hass, Zorn, Gier, Rachsucht, Schuldprojektionen an andere, Missbrauch und Perversionen aller Art, einen Menschen innerlich zerfressen, kann er sich entscheiden, einen anderen zu betrügen, zu verraten, zu ermorden oder zu quälen. Dass er sich dabei nur selbst schadet, wird ihm spätestens durch die Lebensrückschau vor Augen geführt.
Selbstvergebung, Aussöhnung, Verständnis und das Erkennen der eigenen Versäumnisse und Fehler sind die Instrumente, selbst die schwersten Verfehlungen zu bereinigen. Uns ist bereits vergeben, das symbolisiert die Anwesenheit des liebevollen Lichtwesens. Die Lebensrückschau erfüllt den Zweck, einen objektiven Maßstab verfügbar zu machen, um erkennen zu können, wie weit wir uns in dem zurückliegenden Leben geistig entwickelt haben. Das wiederum ist ausschlaggebend für die Bewusstseinsstufe, in die wir nach unserer Rückkehr in die geistige Welt aufsteigen können.
Dannion Brinkley, ein ehemaliger Vietnam-Veteran, der für den Tod vieler Menschen durch eigenes Handeln verantwortlich war, erlebte nicht nur den Schmerz seiner Opfer, sondern auch den der Angehörigen. Er war unmittelbarer Zeuge von Tod und Zerstörung, die er angerichtet hatte. Dennoch wurde ihm die Last dieser Schuld durch die Lebensrückschau und das liebevolle Lichtwesen genommen. Er resümiert:

»Die Rückschau, die ich soeben erlebt hatte, hatte mir deutlich gemacht, dass es für jedes gute Ereignis in meinem Leben 20 schlechte Ereignisse gab. Während sich das Lichtwesen zurückzog, spürte ich, wie die Last dieser Schuld von mir genommen wurde. Ich hatte den Schmerz der Reflektion verspürt, aber ich hatte hierdurch das Wissen gewonnen, das ich einsetzen konnte, um mein Leben zu korrigieren. Ich vernahm wiederum in meinem Kopf die Botschaft des Wesens: Menschen sind mächtige spirituelle Wesen, deren Aufgabe es ist, das Gute auf der Erde zu schaffen. Dieses Gute entsteht in aller Regel nicht durch kühne Taten, sondern durch einzelne liebevolle Handlungen unter den Menschen. Die kleinen Dinge zählen, denn diese sind spontan und zeigen, wer man wirklich ist. Ich kannte jetzt das einfache Geheimnis, wie man die Menschheit verbessert.«[97]

Das universale Bewusstsein unterscheidet nicht zwischen richtig oder falsch. Das sind die vorgegebenen Ausdrucksmöglichkeiten des freien Willens. Deshalb liegt es an uns, diese Unterscheidungen vorzunehmen. Es ist unsere Lebensaufgabe, uns für die Liebe zu entscheiden. In den höheren Bewusstseinsebenen der geistigen Welt gibt es keine Negativität. Nur eine liebevolle Gesinnung, Freude und Leichtigkeit bringen uns dorthin. Liebe ist der innere Wesenskern des Menschen und seine Bestimmung. Wir sind nie von Gott oder den Verstorbenen getrennt, da alle die Liebe als göttlichen Funken in sich tragen.

Damit die Welt zu einem besseren Ort werden kann, bedarf es der bewussten Bemühung, in der Liebe zu sein, durch Mitgefühl und liebevolle Handlungen. Wenn wir das tatsächlich leben würden, hätten wir den Himmel auf Erden.

Die Lebensrückschau konfrontiert uns aus diesen Gründen mit unserem gelebten Leben, um es verstehen und annehmen zu können und uns selbst und anderen zu vergeben. Sie ermöglicht, Lektionen ohne Selbstverurteilung oder Schuldgefühle zu erkennen. Niemand muss Angst davor haben, von außerhalb seiner selbst abgeurteilt zu werden. Dabei ist ein vollkommenes Angenommensein gegenwärtig, nämlich die totale Offenheit und tiefste Liebe seitens des eigenen höheren Selbst oder des Duals, der diese Liebe ist. So wird der Ablauf dieses Lebens nicht als Verurteilung empfunden, sondern als Lebenserfahrung, als Zuwachs an Erkenntnis in die eigenen Strukturen und Muster. Das ließe sich auch so ausdrücken: Durch Selbsterkenntnis verwandelt sich Negativität in Lichtenergie. Ein Mann drückte das so aus:

»Auf mein Leben zurückblickend wurde mir schlagartig erkennbar, dass alles, so wie es war, in vollkommener Ordnung gewesen war. Nichts hätte anders sein können oder gar sein sollen. Dieses Erkennen löste ein Gefühl unbeschreiblicher Befreiung, Erleichterung, Dankbarkeit und Freude aus. Ich fühlte mich im Zustand unübertrefflicher Seligkeit. Vor lauter Freude lachte ich, wie ich wohl noch nie zuvor gelacht hatte. Alles war auf einmal klar, ich hatte es bislang nur nicht erkannt. Gleichzeitig weinte ich, als mir bewusst wurde, wie vergeblich und überflüssig alle meine Bemühungen gewesen waren, die Dinge meines Lebens in Ordnung zu bringen, wie viel Leid und Schmerz ich dadurch mir selbst und anderen zugefügt hatte.«[98]

Die Lebensrückschau ist ein Prozess vollkommener Gerechtigkeit. Die Begleitung durch das liebevolle Lichtwesen hilft uns dabei, uns selbst zu verstehen und zu akzeptieren, wie wir sind. Durch dessen Mitgefühl, Liebe und Verständnis können wir selbst die schwierigsten oder negativsten Ereignisse unseres Lebens mit Gleichmut annehmen. Jegliche Verurteilung kommt nur von uns selbst. Die Lebensrückschau konfrontiert uns mit der geistigen Grundtatsache, dass wir nie vom anderen getrennt sind. Da wir nun selbst erleben, was wir anderen zugefügt haben, sind alle Filter entfernt, die uns während unseres Lebens vor uns selbst oder vor anderen abgeschirmt haben.

Wir erleben eine vollständige Identifizierung mit anderen Menschen. Gleichzeitig sind wir uns unserer Selbst bewusst. Da die Ich-Identität weiter besteht, machen wir die Erfahrung, dass dieses Ich-Bewusstsein in ein höheres Bewusstsein eingebettet ist. Daraus kann die Schlussfolgerung gezogen werden, dass wir alle Teil eines großen, lebendigen Universums sind. Dieses Einssein mit allem anderen wird auch als kosmisches Einheitsgefühl beschrieben. Davon haben die Mystiker aller Zeiten berichtet. Wer das selbst erlebt hat, verändert seine Sichtweise auf die Welt.

Heilung

Die Lebensrückschau verändert das Leben eines Menschen nachhaltig, da sie für sehr viele Betroffene Heilung von traumatischen Erlebnissen und sinnentleerten Verhaltensstrukturen bedeutet. Vergebung und Selbstvergebung gehören zu den Folgen des Erlebens, was zu vermehrter Selbstakzeptanz führt. Durch den totalen Einblick in die Gesamtzusammenhänge des eigenen Lebens werden uns auch die Motivationen und Handlungen anderer Menschen, die uns verletzt haben, bewusst.

»Ich verzieh mir, dass ich nicht immer gut gewesen war. Ich verzieh mir, dass ich so neurotisch gewesen war, und ich spürte viel Vergebung und Mitgefühl für Menschen, die ich für böse gehalten hatte. Und ich begriff ihre schönen Seiten und ihre guten Eigenschaften. Ich war einfach nicht mehr das Opfer; wir alle waren Opfer gewesen.«[99]

Auch Neev äußerte sich zur heilenden Wirkung der Lebensrückschau auf sein Leben:

»Ich lernte, wie man lebt. Die Lebensrückschau war für mich wie ein Heilungsprozess. Sie bewirkte die ganzen Veränderungen in mir, weil sie mir ermöglichte, Dinge, die ich nicht verstand und die für mich eine Quelle von Zorn und Frustration waren, abzulegen. Zum Beispiel den Schmerz darüber, nicht verstanden und akzeptiert zu werden. Oder weshalb Leute mir Dinge antaten, die ich als schrecklich grausam empfand.«[100]

Die Fähigkeit, sich in jemanden hineinzuversetzen und seine Gefühle und Gedanken als die eigenen zu betrachten, ist eine der großen Nachwirkungen der Lebensrückschau. Die praktische Frage, die nun abschließend erörtert werden soll, ist, wie wir selbst das Wissen von der Lebensrückschau und ihrer Bedeutung für unser Leben in unseren Alltag integrieren können.

Das Wissen darum, dass kein Augenblick im Archiv des Lebens verloren geht, ist außerordentlich bedeutsam. Alles, was gesagt, getan und gedacht wurde, ist in energetischen Feldern in der geistigen Welt gespeichert und fällt in seinen Auswirkungen irgendwann auf uns zurück.

Während unseres Lebens können wir alles Unangenehme verdrängen, aber die ungelösten Dinge unseres Lebens bleiben bestehen. Spätestens im Sterbeprozess treten die unerledigten Geschäfte unseres Lebens an die Oberfläche unseres Bewusstseins. Bei vielen Sterbenden geschieht dies mit großer Eindringlichkeit und Macht. Wenn zu viele Dinge nicht geklärt wurden, wird es den Sterbeprozess extrem erschweren. Die bedingungslose Liebe, von der in den Nahtoderfahrungen die Rede ist, erwartet nichts vom anderen und macht ihn nicht für den eigenen Mangel an Liebe verantwortlich. Wir werden geliebt und das Schutzschild liebevoller Empathie durch das Lichtwesen macht die Lebensrückschau zu einem Lehrinstrument der Selbstakzeptanz. Wir können die Welt nicht ver-

ändern, aber jeder kann sich selbst verändern, wenn er sich aus dem Gestrüpp falscher Erwartungen befreit und sich in seinem Sosein annehmen kann.
Die Schritte der Selbsterkenntnis sind Selbstvergebung, Vergebung und Aussöhnung. Das ist eine lebensverändernde Kraft, die jedem zur Verfügung steht. Alles, was im Leben geschieht, ist das Resultat des eigenen Tuns. Wenn wir lernen würden, uns mehr in andere Menschen einzufühlen durch Mitgefühl und Verständnis für ihre Sorgen und Nöte, können wir viele Konflikte vermeiden. Würden wir die unerledigten Dinge des Lebens sofort erledigen, wenn sie auftreten, könnte uns viel Leid und Schmerz erspart bleiben.

Tägliche Übung

Nehmen Sie sich jeden Abend fünf Minuten Zeit, den Tag Revue passieren zu lassen. Entspannen Sie sich durch einige tiefe Atemzüge und richten Sie Ihre Aufmerksamkeit nach innen. Nun lassen Sie die Ereignisse des Tages an sich vorbeiziehen.
Verurteilen Sie nicht, wenn unangenehme Dinge vor Ihrem inneren Auge auftauchen. Das kann ein Streit sein mit dem Ehemann oder einer Freundin. Achten Sie auf Ihre Reaktion. Was fühlen Sie? Was haben Sie selbst zum Konflikt beigetragen? Was war der Anlass für Ihre Wut? Warum haben Sie den anderen verletzt? Vergeben Sie sich Ihren eigenen Anteil an der Situation und bereinigen Sie möglichst umgehend Streit mit dem anderen.
Wie viele innerfamiliäre Konflikte beruhen auf banalen Streitereien, die sich im Laufe der Jahre verhärten. Es kommt zu ständigen Auseinandersetzungen, die stets Wut, Hass und Schmerz nach sich ziehen. Wenn wir uns die goldene Regel: »Was du nicht willst, das man dir tu', das füg' auch keinem

andern zu!« zu eigen machen würden, wie viel an Schmerz, Stress und Leid könnten wir uns ersparen! Im Sterbeprozess sehnen sich noch viele in den letzten Tagen ihres Lebens nach Aussöhnung im aufrichtigen Wunsch nach Vergebung.

Wenn wir nun wissen, dass wir in jedem Fall – ob im Sterbeprozess oder nach dem Tod – eine Lebensrückschau erleben werden, was hält uns davon ab, diese Dinge im Hier und Jetzt zu bereinigen?

8. Kapitel

Persönlichkeitsveränderungen nach einer Nahtoderfahrung

Das lebensverändernde Ereignis

Das faszinierendste und relevanteste Phänomen nach einem Todesnähe-Erlebnis ist die Veränderung der Persönlichkeit eines Betroffenen. Sehr viele Forscher beschäftigen sich damit in den gegenwärtigen prospektiven Studien. Die Hauptfrage, die sich stellt, ist: Wie lässt es sich wissenschaftlich erklären, dass sich das Leben eines Menschen nach nur zweiminütigem Herzstillstand nachhaltig verändert?
Die Tragweite und die tiefgreifenden Konsequenzen stellen das bisherige Weltbild völlig auf den Kopf. Zahlreiche Betroffene sprechen von einer totalen Revision ihrer Anschauungen. Die Angst vor dem Tod hebt sich auf, alle sprechen davon, dass das, was wirklich zähle, eine liebevolle Gesinnung sei. Das Leben an sich erfährt eine größere Wertschätzung, wie auch der Sinn allen Geschehens bewusster wird. Äußerliches materielles Streben nach Besitz, Ruhm oder Reichtum verliert an Bedeutung. Menschen mit Nahtoderfahrungen können sich selbst besser annehmen, auch mit ihren Schattenseiten. Sie sind sich ihres Eingebundenseins in einen universellen Zusammenhang bewusst.
Die heute vorliegenden Studien über die Transformation der Persönlichkeit belegen übereinstimmend, dass nach einer NTE ein nachhaltiger und tiefgreifender Wandel der Lebenseinstellung, der Werte, des Verhaltens und der Glaubensauffassung festzustellen ist. Die Konfrontation mit unbegrenzten Dimensionen des Bewusstseins ist eine sehr direkte Erfah-

rung, die einen Bewusstwerdungsprozess in Gang setzt. Diese Menschen glauben nicht länger an etwas, was größer ist als sie selbst, sondern sie *wissen* es. Durch die Präsenz des alles durchdringenden Lichtes fühlen sie sich geliebt und angenommen wie nie zuvor in ihrem Leben.

»Die Folgen für mein weiteres Leben waren so tiefgreifend: Die Erfahrung der Zeitlosigkeit, das Wissen, dass mein Bewusstsein außerhalb meines Körpers weiter existiert. Das genügte, um mein Leben aus den Angeln zu heben.«[101]

Eine andere Frau drückte das so aus:

»Nach diesem Ereignis hat sich mein Leben wirklich sehr verändert, meine Weise zu leben wandelte sich von leichtfertig und oberflächlich in einen vor allem davon geprägten Lebensstil, dass weder Leistung noch Besitz, sondern allein ein liebevoller Umgang im Miteinander wichtig sind. Vieles, was wir für toll halten, ist nicht beseelt. Und noch etwas ist für mich eine neue Wahrheit geworden: Der Tod ist nicht das Ende – liebe Menschen warten im Sterben und erleichtern den Weg, und sie sprechen mit dir. Es war dort so, als wäre alles aufgehoben: Zeit, Raum, Wissen, Erfahrung – alles fällt in eins zusammen.«[102]

Reaktionen des Umfeldes

Den unterschiedlichen Veränderungsprozessen durch eine Nahtoderfahrung stehen vor allem in der westlichen Welt gegensätzliche kulturelle Wertmaßstäbe gegenüber. Daher ist es für die Betroffenen nicht einfach, ihre Erkenntnisse, die sie über den Sinn des Lebens gewonnen haben, zu akzeptieren. Daneben lässt die westliche Kultur und Wissenschaft wenig

Raum für spirituelle Erfahrungen. Tod, Sterben und das Leben danach sind nach wie vor Themen, die in der Öffentlichkeit weitgehend ignoriert und tabuisiert werden.

In der persönlichen Verarbeitung einer Nahtoderfahrung spielt die Unterstützung von Angehörigen und Freunden eine wichtige Rolle. Allerdings machen viele Betroffene die Erfahrung, dass ihr Umfeld häufig nicht bereit ist, die Integration einer Nahtoderfahrung in das Alltagsleben zu unterstützen. Daher sind viele Betroffene auf sich selbst gestellt und treffen selten auf Personen, mit denen sie sich austauschen können. Eine Frau berichtete mir in einem persönlichen Gespräch:

»Ich machte die Erfahrung, dass fast alle Menschen, mit denen ich zu tun hatte, nicht erkennen konnten oder wollten, dass ich durch die Nahtoderfahrung ein anderer Mensch geworden war. Mit meinem Mann konnte ich überhaupt nicht darüber sprechen, und schließlich ging unsere Ehe auseinander. Ich ließ mein altes Leben hinter mir und zog in eine größere Stadt. Hier lernte ich durch eine Gruppe Menschen kennen, die Ähnliches erlebt hatten und die bereit waren, vorurteilsfrei und kommentarlos zuzuhören.«

Diese Aussage deutet die Schwierigkeiten in der Verarbeitung einer NTE an. Das Wissen um das Geborgensein im Licht und um Fortleben nach dem Tod resultiert aus einer spontanen und unerwarteten Begegnung mit dem Tod. Daher suchen viele Betroffene nach einer Bestätigung, sei es in Büchern oder dadurch, dass sie mit anderen in Kontakt kommen, die Ähnliches erlebt haben. Dadurch lässt sich die eigene Erfahrung besser verstehen, und Unsicherheiten verringern sich, was zu einer schnellen Integration beitragen kann. Die Dauer dieses Transformationsprozesses hängt von der Integrationsfähigkeit eines Betroffenen ab. Pim van Lommel schreibt dazu in seiner Studie:

»Dieser Prozess dauert meistens sieben Jahre, manchmal auch länger, da der Integrationsversuch sowohl bei Menschen mit einer NTE als auch in ihrem näheren Umfeld enorme Widerstände hervorruft. Ich bin Menschen begegnet, denen es erst etwa nach 50 Jahren gelungen war, über ihre NTE und deren Konsequenzen zu sprechen. Aus Furcht vor Zurückweisung hatten sie ihre Erfahrung ein Leben lang wie ein Geheimnis gehütet. Daher waren sie offenbar kaum oder gar nicht in der Lage, ihr Leben an den Erkenntnissen auszurichten, die sie aus ihrer NTE gewonnen hatten. Trotz des zumeist positiven Inhalts der NTE erwies sie sich in diesen Fällen als eine traumatische Erfahrung, da der Verarbeitungsprozess sehr mühevoll war.«[103]

Neues Selbstbild

Eines der wesentlichen Merkmale nach dem Erleben einer Nahtoderfahrung ist ein *verändertes Selbstbild*. Diese Menschen haben erfahren, dass sie wesentlich mehr sind als ihr begrenztes Erden-Ich. Sie sind mit Aspekten ihrer Persönlichkeit in Kontakt getreten, die transpersonal genannt werden.
Viele entwickeln völlig neue Denkmuster. Es ist vor allem die Begegnung mit dem Licht, die diese Persönlichkeitsveränderung zur Folge hat. Die Betroffenen fühlen sich spirituell verändert, krempeln ihr Leben um und sind wie neu geboren. Ein Betroffener drückte das so aus:

»Es hat mir meinen Glauben bestätigt. Es gibt eine höhere geistige Welt. Ich habe eine Transzendenz erlebt – und in dem Moment war ich erfüllt von neuer Hoffnung.«[104]

Wer die übersinnlichen Aspekte unseres Lebens selbst erfahren hat und weiß, dass wir in ein großes Ganzes eingebunden sind, kann nach seiner NTE ein höheres Selbstwertgefühl entwickeln. Er wird unabhängiger von der Anerkennung anderer und kann sich selbst besser annehmen. Durch das Wissen um den Sinn des Lebens wird größeres Vertrauen in die eigenen Möglichkeiten gesetzt, mit Problemen umzugehen. Ein Mann beschrieb mir das folgendermaßen:

»Ich lebe viel intensiver als vorher und bin dankbar für kleine Freuden in zwischenmenschlichen Begegnungen oder dem Kreislauf der Natur. Ich fühle mich in der Fülle meines Menschseins.«

Das Lebensgefühl verändert sich sowie auch das eigene Gefühlsleben. Manche entwickeln das Bedürfnis, anderen zu helfen, sie zu unterstützen und ihnen nützlich zu sein. Durch das Eintauchen in das Licht und das Erleben der Lebensrückschau können sich die Betroffenen besser selbst einschätzen. Die Lektion der Selbstakzeptanz führt zu einer Befreiung des Menschen. Er wird befähigt, sein verurteilendes Selbst abzustreifen, damit das wahre Wesen zum Vorschein kommt. Das ist verbunden mit einem Zuwachs an Eigenständigkeit und Authentizität.

»Die profundeste Nachwirkung meiner NTE ist, dass ich mich seither so akzeptiere, wie ich bin. Ich bin nicht mehr eingeschränkt von vorgefassten Meinungen und Umständen, die andere mir aufzuerlegen versuchen. Ich muss nicht mehr tun, was andere wollen; und ich habe auch nicht mehr das Bedürfnis, mir von anderen Anerkennung zu holen, indem ich versuche, ihren Anforderungen gerecht zu werden. Ich habe mein Zentrum gefunden: Eine innere Stimme, die mir sagt, was das Beste für mich ist, und die mich bei allem, was ich tue, leitet. Ich vertraue dieser Stimme. Ich höre auf sie und folge ihren Weisungen. Ich respektiere die Meinung anderer, und ich schätze die Sorge anderer für mein Wohl, aber ich fühle mich nicht mehr verpflichtet, ihren Weisungen Folge zu leisten, und ich habe keine Angst mehr, abgelehnt zu werden, wenn ich den Erwartungen anderer nicht gerecht werde.«[105]

Das alte Selbst, welches auf Ängsten, Abwehrhaltung und mangelnder Selbstachtung beruhte, verwandelt sich in den Mut, sich selbst zu vertrauen. Das neue Lebensverständnis wird durch einen radikalen Wandel in den Einstellungen und im Verhalten bewirkt. Dazu einige prägnante Aussagen:

»Ich habe eine Wendung um 360 Grad gemacht: von einem äußerst scheuen, introvertierten Menschen zu einem extrovertierten.«

»Ich war früher sehr schüchtern. Heute bin ich das nicht mehr. Jetzt kann ich mit jedem reden. Ich habe mehr Selbstvertrauen gewonnen.«

»Danach hat sich mein gesamtes Leben verändert. Es hat sich geöffnet, und ich bin positiver und mir meiner selbst mehr bewusst geworden.«[106]

Diese Nachwirkungen führen zu einer neuen Wertschätzung des Lebens an sich. Die Beziehungen gestalten sich liebevoller und mitfühlender. Der Augenblick des Hier und Jetzt wird viel mehr genossen. Wer stärker in der Gegenwart verankert ist, hat weniger Sorgen darüber, was das Morgen bringt. Der gegenwärtige Moment wird wichtig, und das macht viele freier und unabhängiger von sozialen Normen und Beschränkungen der Gesellschaft.

»Ich bin jetzt sehr unabhängig, stark und zielstrebig. Aber ich kann auch sehr liebevoll und freigebig sein. Ich habe und brauche weniger Beziehungen, aber die Beziehungen, die ich habe, sind mir wichtiger.«[107]

Keine Angst vor dem Tod

Eine weitere lebensverändernde Wirkung der NTE ist eine durchgängig neue Sichtweise auf den Tod. Der Tod ist nur ein Übergang – eine Schwelle zu etwas Neuem.
Deswegen werden bedrohliche Situationen im weiteren Leben besser angenommen, durch die Erfahrung des tiefen Friedens. Sterben ist nicht länger ein Angstfaktor. Die Betroffenen haben die Erfahrung gemacht, dass der Kern ihrer Persönlichkeit unzerstörbar ist, wenn der Körper verlassen wird. Der Tod ist nichts Endgültiges, und es gibt ein wunderbares Leben nach dem Tod. Ein Betroffener sagte einmal: »Ich hatte immer große Angst vor dem Tod, vor dem Nichts. Jetzt fürchte ich den Tod nicht mehr.«
Ein Patient von Pim van Lommel sagte:

»Ich fürchte mich überhaupt nicht mehr vor dem Tod. Ich betrachte die Erfahrung als ein Geschenk. Ich weiß nun, dass mich nach dem Tod noch etwas erwartet. Dafür bin ich dankbar. Ich glaube, dass ich darüber sprechen sollte, um anderen zu helfen und sie zu beruhigen, wenn sie sich vor dem Tod fürchten. Ich fühle mich privilegiert.«[108]

All die unterschiedlichen Studien über die Nahtoderfahrungen belegen in eindeutiger Weise, dass der Tod nicht das Schlimmste ist, was einem Menschen widerfahren kann. Die kurze Begegnung mit der anderen Welt hinterlässt tiefe Spuren und Gewissheiten:

»Es gibt ein Leben nach dem Tod. Ich fürchte mich nicht mehr vor dem Übergang von einer Lebensform zu einer anderen. Ich glaube auch, dass wenn man das Glück, in die andere Welt zu gehen, hat, dass man dort ewig verbleibt.«

»Ganz sicher wurde ich verwandelt. Ich habe keinen Zweifel, dass es ein höheres Bewusstsein gibt und dass der Tod nichts ist, vor dem man Angst haben müsste. Bewusstsein ist ewig.«

»Es ist nicht mehr nur Glaube. Ich kenne Gott, den Himmel, das Paradies. Wenn man stirbt, stirbt man nicht, sondern man geht an einen anderen Ort.«[109]

Paranormale Auswirkungen

Viele Menschen verfügen nach einer Nahtoderfahrung über paranormale oder hellsichtige Fähigkeiten. Eine Frau, die anschließend die Aura sehen konnte, beschrieb das folgendermaßen. Ihr innerstes Wesen wurde geöffnet, und so konnte sie die Ausstrahlung von Menschen und Dingen erfassen.

»Ich schaute mich im Zimmer um und sah, wie der große Blumenstrauß, den ich geschenkt bekommen hatte, in einer Licht- und Farbexplosion erstrahlte. Alles im Zimmer, selbst die alltäglichsten Dinge lebten und summten vor lauter Lebendigkeit.«[110]

Gesteigerte übersinnliche Fähigkeiten sind nicht immer leicht zu verarbeiten. Auch Kinder schildern nach einer NTE spontan, um andere Menschen herum schöne Farben wahrzunehmen.
Eine sehr weit verbreitete Folgewirkung ist eine erhöhte Sensibilität. Viele Menschen berichten, von Informationen aus

einer anderen Welt überflutet worden zu sein. Damit verbunden ist stets ein erhöhtes Einfühlungsvermögen in andere bis hin zu echter Medialität. Weitere auftretende Phänomene und paranormale Fähigkeiten sind: Telepathie und hellseherische oder prophetische Gaben. Manche können die Gedanken anderer Menschen lesen oder Krankheiten erkennen und heilen. Eine Nahtoderfahrung öffnet ganz allgemein die Kanäle zur anderen Welt. Viele Erlebende sind mit diesen neuen Fähigkeiten überfordert. Aus Furcht, abgelehnt zu werden, verschweigen sie oft ihre neuen Fähigkeiten.

»Als ich wieder etwas besser fühlte, spürte ich in mir so unglaubliche paranormale Fähigkeiten, dass es richtig unheimlich war. Auch vor diesem Zwischenfall hatte ich manchmal schon Ahnungen, aber das war anders. In Utrecht konnte ich von meinem Bett aus sehen, wer im Nebenzimmer lag, und ich wusste, was sich der Pastor zum Essen bestellt hatte. Das alles ist nun ein wenig zurückgegangen, doch ich kann mich jetzt besser in Menschen einfühlen, und manchmal kann ich sogar buchstäblich ihre Gedanken lesen und fühlen.«[111]

Häufig wird von dem Gefühl berichtet, den Tod einer anderen Person vorauszuahnen. Ein derartiges Vorgefühl stellt sich in vielen Fällen als richtig heraus.

»Regelmäßig träume ich, was am nächsten Tag passieren wird. Oft bin ich in meinen Träumen Zeuge von Unterhaltungen, die tatsächlich am Tag darauf stattfinden, oder ich träume von Ereignissen, die am nächsten Tag eintreffen. Ich habe nicht geglaubt, dass an meinen Träumen etwas Reales dran ist, bis ich dann vom Tod meines Onkels träumte. Er war vollkommen gesund. Aber in dieser Nacht träumte ich, dass er plötzlich sterben würde. Am nächsten Tag starb er an einem Herzanfall. Seitdem glaube ich meinen Träumen immer.«[112]

Derartige hellsichtige Fähigkeiten kommen auch im nächsten Beispiel zum Tragen.

»Mir träumte von einem Mann, den ich kannte. Eine Sekunde lang erschien er mir mitten in der Nacht, schwarz gekleidet und wie auf einer Wolke stehend. Ich hatte ihn zehn Jahre lang nicht gesehen.
Am nächsten Tag nahm ich in der Bank, in der ich arbeite, einen Scheck entgegen von jemandem, der mit dem Mann aus dem Traum verwandt war. Ich erkundigte mich nach ihm und erfuhr, dass er in der Nacht davor gestorben war.«[113]

Übersinnliche Erfahrungen werden von ganz gewöhnlichen Menschen nach einer Nahtoderfahrung erlebt. Sie nehmen die Welt um sich herum völlig anders wahr. Hier ein weiteres Beispiel für die Außergewöhnlichkeit derartiger Hellsichtigkeit.

»Ich berührte zufällig einen Freund meines Sohnes am Arm, als ich plötzlich ganz deutlich vor mir sah, wie aus seiner Schulter Blut spritzte und der Arm abfiel. Ich fuhr zurück und mir stockte der Atem vor Entsetzen. Am selben Abend erzählte ich meinem Mann, was ich gesehen hatte. Am nächsten Tag passierte es dann tatsächlich: Der Junge verlor seinen Arm bei einem Arbeitsunfall.«[114]

Manche Erlebende sprechen von einer Zunahme der Intensität des Schauens und Fühlens. Selbst alltägliche Eindrücke erhalten eine andere Bedeutung. Ein Mann erzählte mir:

»Ich erfreute mich an vielen Dingen des Lebens, die ich vorher nie bemerkt habe. Als ich das erste Mal nach meiner NTE in der Natur war, schien das Gras zu leuchten und die Luft belebend wie nie zuvor. Ich fühlte mich näher bei Gott.«

Zukunftsprogressionen

Ein besonderer Effekt einer Nahtoderfahrung ist die Fähigkeit, in die Zukunft zu schauen. Einige berichten davon, während ihrer Lebensrückschau nicht nur mit der Vergangenheit konfrontiert worden zu sein, sondern auch Szenen aus ihrem zukünftigen Leben gesehen zu haben. Vieles, was den Betroffenen gezeigt wurde, traf in ihrem späteren Leben tatsächlich ein, oft erst viele Jahre später. Menschen erhalten in diesem erweiterten Bewusstseinszustand Zugang zum absoluten Wissen. Die Geheimnisse der Vergangenheit und der Gegenwart offenbaren sich und die gewohnte Raum-Zeit-Dimension wird infrage gestellt.
Alles Wissen ist im Wesentlichen Erinnerung und durch den göttlichen Funken in uns hineingelegt. Während einer NTE wird es sozusagen durch die Begegnung mit dem Licht im Bewusstsein aktiviert. Bei tiefer Betrachtung eröffnet sich ebenfalls der Hinweis, dass Geburt, Leben und Tod ein Ganzes sind und das Eine ohne das andere nicht existieren kann. Das bedeutet auch, dass unser persönliches Schicksal von den groben Eckdaten her vorbestimmt ist. Das Menschenleben ist eingewoben in einen individuellen Lebens- Seelenplan. Das wird sehr eindeutig belegt durch den Blick in die Zukunft.
Ein Mann erlebte während einer OP die Begegnung mit dem Licht und eine Lebensrückschau.

»Dann kamen plötzlich Szenen aus meiner Zukunft, ich sah älter und etwas kräftiger um die Taille aus. Ich saß in einem unbekannten Zimmer und hatte den Arm um eine Frau gelegt, die mir fremd war, obwohl ich irgendwie wusste, dass sie Ray hieß. Das kam mir seltsam vor, da das eigentlich ein Männername ist. Ich konnte das Meer hören und irgendwie auch riechen, obwohl ich zu der Zeit weit von der Küste entfernt lebte.

Etwa zehn Jahre nach meiner NTE saß ich in London in der Abflughalle und wartete auf meinen Flug nach New York, als mich eine hübsche Frau fragte, ob ich ihr meine Zeitung leihen würde. Sie kam mir irgendwie bekannt vor. Sie haben es erraten, also kurz gesagt, wir sind inzwischen verheiratet und leben in der Nähe von Sydney in Australien. Und sie heißt wirklich Ray! Das ist die Kurzform von Raylene.«[115]

Einem Ehepaar war gesagt worden, dass sie keine Kinder bekommen könnten. Der Mann war Bergmann und erlebte ein schweres Grubenunglück.

»Während ich bewusstlos war, hatte ich eine Vision. Ich spazierte an den Sonnenstrahlen entlang hoch und sah eine Hand in einem langen weißen Ärmel zu mir herunterlangen. Fast berührte ich die Hand, als ich plötzlich spürte, wie es mich nach hinten zog, und ich hörte eine Stimme sagen: ›Hab keine Angst! Dir wird es wieder gut gehen, und mit deinem Sohn wird auch alles in Ordnung sein.‹ Ein paar Monate später erfuhren wir, dass meine Frau schwanger war, und unser Sohn kam beinahe auf den Tag genau nach meinem Unfall auf die Welt.«[116]

Prophetische Nahtoderfahrungen

Nahtoderfahrungen sind ein kurzes, unfreiwilliges und ein plötzlich auftretendes Erleben als tiefe Erfahrung eines höheren Zustandes des Bewusstseins. In den mystischen Traditionen oder einer spirituellen, meditativen Praxis sind die Bewusstseinserweiterungen Folge eines längeren Trainings. Die Auswirkungen einer NTE gleichen den Folgen einer mystischen Erfahrung. Sie machen uns auf die Zukunftsperspektiven der Menschheit aufmerksam, da in einigen Vorausblenden sehr wohl globale Ereignisse gezeigt worden sind, die sich inhaltlich ähneln. Diese prophetischen Visionen beziehen sich auf künftige Ereignisse. Die Visionen werden durch die Begegnung mit dem Lichtwesen oder den Geistführern hervorgerufen. Prophetische Visionen treten besonders bei tiefen oder langen Todesnähe-Erlebnissen auf.

Kenneth Ring stellte schon 1984 fest, dass das Vorausgeschaute nicht über die Anfänge des 21. Jahrhunderts hinausgeht. Grundsätzlich wird von zunehmender Erdbebentätigkeit und vulkanischen Aktivitäten berichtet sowie großen geophysikalischen Veränderungen bis hin zu einem Klimawandel. Diese Ereignisse werden nicht als Ende der Welt verstanden, sondern markieren den Beginn einer neuen Welt des Friedens und der Liebe.

Ein Mann, der seine NTE 1943 erlebte, schrieb:

»Es sieht so aus, als stünden wir vor einer Reihe von Problemen, vor allem, was die Natur betrifft. Aber nicht nur die Naturelemente werden uns zu schaffen machen – überall werden Krisen auf uns zukommen, besonders auch im zwischenmenschlichen Bereich, innerhalb der Familie und unter den verschiedenen Nationen. Ich habe den Eindruck, dass wir zwar nicht gerade vor dem Ende der Welt stehen, aber vor einem großen Umbruch, bevor wir endlich lernen, nicht mehr so materialistisch zu denken, und uns eher auf das konzentrieren, was ER uns gegeben hat, bis wir gelernt haben, einander zu lieben.«[117]

Erstaunlich ist die Deutlichkeit der Charakterisierung gegenwärtiger globaler Ereignisse, die einen Bewusstseinswandel der gesamten Menschheit dringend erfordern. Ob wir die Maya-Prophezeiungen betrachten, die das Jahr 2012 als Wendepunkt der Menschheitsgeschichte verkündet haben, oder die gravierenden Klimaveränderungen der letzten Jahre,

die globale Finanzkrise, den fortschreitenden Gesichtsverlust besonders der westlichen Regierungen, die längst soziales Denken ausklammern, oder den Autoritätsverlust der Religionen – wir leben in unruhigen Zeiten.
Reinee erlebte ihre NTE 1967 im Alter von 17 Jahren.

»Die Zukunftsvision, die ich während meiner Nahtoderfahrung hatte, zeigte mir eine Welt im Umbruch. Ich erfuhr, dass die Menschheit die wahre Realität missachtet, die Gesetze des Universums verletzt hatte und nun die schrecklichen Folgen tragen musste. Und das war nicht etwa auf die Rache eines zornigen Gottes zurückzuführen, sondern die Erde befreite sich selbst von denen, die nicht anders leben wollten und bis zum bitteren Ende versuchen würden, sich blind hinter den Institutionen von Gesetzgebung, Wissenschaft und Religion zu verstecken. Man sagte mir, dass die Menschheit von Krebsgeschwüren zerfressen würde, von Arroganz, Materialismus, Rassismus, Chauvinismus und kleinlichem, egoistischem Denken. Ich erkannte, wie sich Sinn in Unsinn und Unheil schließlich in göttliche Vorsehung verwandeln würden. Und am Ende dieser Zeit würde die Menschheit neu geboren werden, mit einer neuen Einstellung zur Erde und ihrem Platz im Universum. Dieser Geburtsprozess sollte zwar ausgesprochen schmerzhaft sein, aber aus ihm würde eine Menschheit hervorgehen, die demütig, wissend und in Frieden vereint weiterlebt.«[118]

Ich bin überzeugt davon, dass wir in den letzten Tagen des alten Systems von Unterdrückung, Angst und Gewalt leben. Jetzt kann es nur darum gehen, ein Vertrauen in die jedem innewohnenden geistigen Kräfte der Seeleninnenwelt aufzubauen. Wer es lernt, den seelischen Impulsen oder der inneren Stimme zu vertrauen, wird die Erfahrung machen, dass immer Hilfe da ist.

Der globale Transformationsprozess spiegelt sich im eigenen Inneren. Die zahlreichen Krisen im zwischenmenschlichen Bereich verweisen auf eine Art kollektiver Lebensrückschau im Hier und Jetzt der körperlichen Existenz. Das Erwachen des Göttlichen im Menschen durch den sich verstärkenden Lichtfunken der Liebe in allen Lebewesen konfrontiert uns mit den eigenen Schattenseiten und Abgründen, damit alte Glaubensüberzeugungen und Muster aufgelöst werden können. Die Zeit ist reif für mehr Verantwortlichkeit und Solidarität mit allen Menschen, damit wir endlich in Harmonie, Liebe und Frieden leben können.

Der Bewusstseinswandel, der sich in den Nahtoderfahrungen zurückliegender Jahrzehnte ankündigte, wird das Leben aller Menschen für immer verändern. Wir sind geistige Wesen, die in einem unsichtbaren Netz schöpferischer Energien miteinander verbunden sind.

Jeder enthält die Lebensessenz des Ganzen und ist ein Aspekt des kosmischen Bewusstseins hinter allem Sein, das wir nur demütig als Urkraft oder Gott bezeichnen können. Wir sind unsterbliche Wesen, deren Bestimmung es ist, sich als individuelles Selbst mit der Schöpferkraft zurückzuverbinden.

Die Nahtoderfahrungen weisen eindringlich darauf hin, dass es darum geht, das innewohnende schöpferische Potenzial wieder ins Bewusstsein zu rufen, um die göttliche Liebe ins Leben zu holen. Mit dieser Essenz sind die Nahtoderfahrenen aller Zeiten in Berührung gekommen, und es hat ihre Sichtweise der Welt für immer verändert.

Die grundlegende Erkenntnis des bewusstseinserweiternden Potenzials ist in jedem von uns vorhanden. Wir könnten ein wesentlich erfüllteres Leben führen, wenn wir dieses Potenzial in uns aktivieren. Die kosmische Amnesie, die die Grundlagen unseres Lebens verleugnet, muss aufgegeben werden. Eine Frau schrieb über die Auswirkung ihrer Erfahrung:

»Für alles und jedes, womit ich in Kontakt komme, empfinde ich eine tiefe Liebe – ich fühle mich eins mit ihm und spüre, dass wir alle ein Teil voneinander sind und schließlich Teil eines größeren Bewusstseins – Gott. Zum ersten Mal in meinem Leben bin ich mir der Dinge um mich herum wirklich bewusst, meine Augen haben sich geöffnet, um endlich zu sehen: Die einfachsten Dinge, ein Blatt, ein Baum, ein Grashalm, ein Frosch – alles ist für mich ein Wunder der Schöpfung, ich lasse mir Zeit, es zu bewundern, denn ich fühle das Band des Lebens zwischen uns.«[119]

Die Gabe des Heilens

Wenn wir uns die zahlreichen Studien über die transformative Kraft genauer anschauen, ist es sehr auffällig, dass eine NTE ein Potenzial freisetzt, anderen Menschen heilende Energien zu übertragen. Forscher wie P. M. Atwater, Kenneth Ring oder Melvin Morse haben diesen Aspekt schon in den Neunzigerjahren eingehend untersucht.

Als Menschen sind wir energetische Wesen, da wir alle Energie oder elektrodynamische Felder in und um uns tragen. Durch die Begegnung mit dem Licht wird das elektromagnetische Feld eines Betroffenen sozusagen neu vernetzt und löst die zahlreichen Persönlichkeitsveränderungen aus.

Unabhängige Studien belegen, dass als Folgeerscheinung eine erhöhte Sensibilität für Elektrizität vorhanden ist. Menschen berichten vom Auftreten elektrischer Anomalien: Digitale Armbanduhren funktionieren nicht mehr, Computer weisen Störungen auf, elektrische Autosysteme spielen verrückt oder Glühbirnen zerspringen. Das sind ähnliche Phänomene, wie sie in spontanen Begegnungen mit Verstorbenen berichtet werden, die durch elektrische Phänomene am besten auf ihre Gegenwart aufmerksam machen können.

Elektrizität scheint der Energie der Verstorbenen am meisten zu entsprechen, um sich zum Ausdruck zu bringen. Auch das Licht ist ein elektromagnetisches Phänomen und die Begegnung mit dieser gewaltigen Liebesenergie verändert das elektromagnetische Feld eines Menschen für immer. Häufig kommt es zu einer Neustrukturierung dieses Feldes, das zu der Fähigkeit, Heilkräfte freizusetzen, führen kann. Das Licht ist die ursprüngliche, die ganzheitliche Heilkraft hinter allem Sein.

Wir alle sind Träger des göttlichen Lichtfunkens in uns. Durch das Erleben einer Nahtoderfahrung können manche die Heilkraft des Lichtes weiterleiten. Das wird belegt durch die Tatsache, dass es Fälle gibt, in denen das Licht als alleinige Ursache einer sonst nicht erklärbaren Genesung von einer tödlichen Krankheit betrachtet wird.

Die bekannte englische Sterbeforscherin Margot Grey beschrieb einen solchen Fall. Fünf Tage nach einer schweren Bauchoperation kam es zu Komplikationen. Der Ehefrau wurde mitgeteilt, ihr Mann habe keine Überlebenschancen. Währenddessen erlebte der Mann eine NTE:

»Ich sah ein Wesen, das mit einem Umhang in unbeschreiblich schönen Farben gekleidet war und ein extrem helles Licht ausstrahlte. Dieses Etwas stand rechts von mir neben meinem Kopf, es legte beide Hände sanft auf meinen Körper, bewegte sie bis zu den Füßen hinab und an der linken Seite wieder nach oben, hielt an meinem Kopf inne, und dann war es verschwunden. Ich habe keinerlei Erinnerung, was dann bis zum nächsten Tag geschah. Von da an genas ich sehr schnell und war bald wieder zu Hause bei meiner Familie.«[120]

Das ist ein sehr häufiges Beispiel für die Heilkraft des Lichtes. Eine Frau hatte durch Diabetes ihr Augenlicht verloren, auch ihr Herz wurde in Mitleidenschaft gezogen. Sie sollte operiert

werden, als ein strahlendes Licht in ihr Zimmer strömte. Sie vernahm telepathisch:
»Du bist noch nicht bereit, mir zu folgen, du bist nicht vorbereitet. Ich gebe dir dein Augenlicht zurück. Du brauchst es, um dein Leben zu beenden, und ich werde auch die Herzklappe wieder heilen, damit du wieder sprechen kannst. Du hast noch einiges zu tun.«[121]

Die Frau berichtete, dass ihr eine Hand auf die Brust gelegt wurde, wodurch ihr Sehvermögen zurückkehrte. Ihr Kardiologe war sehr überrascht und fand keine Erklärung dafür, dass sich ihr Körper verändert hatte. Kurz darauf konnte sie nach Hause entlassen werden.
Eine Frau berichtete mir beiläufig nach einem Vortrag, dass sie unheilbar an Krebs erkrankt war. Während einer Operation wurde sie durch das Licht geheilt.

»Es war wie vibrierende Schwingungen und erfasste mein ganzes inneres Sein. Die Liebe und der Frieden, die mich durchströmten, waren unbeschreiblich. Das Licht sagte mir, dass ich zurückkehren muss, da meine kleine Tochter mich noch brauche. Wenige Tage später war mein Krebs verschwunden. Das ist heute zehn Jahre her.«

Die Frau führte ihre Heilung direkt auf die heilenden Energien des Lichtes zurück.
Viele Menschen verändern ihr Leben nach einer Nahtoderfahrung. Sie arbeiten als Therapeuten oder im spirituellen Bereich, um anderen ihre Erfahrungen zu vermitteln. Manche stellen die Gabe des Heilens in den Dienst am Nächsten. Das ist der Versuch, andere in Kontakt mit jenem Licht zu bringen, das sie selbst in sich tragen.
Das Licht, die ultimative Heilkraft, ist zu jeder Zeit bereit uns auch in den schwierigsten Situationen unseres Lebens beizu-

stehen. Wenn wir vertrauen, steht es uns hilfreich zur Seite, auch wenn wir uns am Ende wähnen oder keine Hoffnung mehr haben. Das zeigt sich vor allem bei Menschen, die einen Suizidversuch unternommen haben.

Die Forschung hat aufgezeigt, dass die meisten NTEs auch nach einem Versuch, sich das Leben zu nehmen, als schön und friedvoll beschrieben werden. Noch wichtiger ist die Tatsache, dass diese Menschen nicht verurteilt oder verdammt werden, sondern sie profitierten direkt von der weisen und heilenden Kraft des Lichtes.

Suizid ist niemals eine Lösung für ein Lebensproblem, da das Leben weitergeht und alle nicht gelösten Dinge nach wie vor weiterbestehen. Insofern wird jeder mit den Auswirkungen seiner Handlungen konfrontiert – das ist allerdings unabhängig von der Todesart. In den Köpfen der Menschen sind nach wie vor Vorstellungen von Hölle, Strafe und Verdammnis vorherrschend – besonders nach einem Suizid. Die Nahtoderfahrungen zeigen eindeutig, dass diese Vorstellungen falsch sind.

Es existieren lediglich unterschiedliche Bewusstseinszustände, worin Seelen in einer Art Zwischenwelt zwischen der Erde und dem Jenseits feststecken können, wenn sie noch nicht bereit sind, das Licht der Gnade und der Liebe anzunehmen. Sobald jemand um Hilfe bittet, bekommt er sie auch. Wir sollten endlich verstehen, dass Gott Liebe ist und dass selbst der schlimmste Massenmörder irgendwann in IHN zurückkehrt. Vorstellungen von ewiger Strafe sind menschlich. Liebe ist göttlich. Die wenigen negativen Nahtoderfahrungen sind nichts anderes als die Begegnung mit der eigenen Angst. Sie treten vor allem bei Menschen auf, die sich gegen ihr Erleben wehren – also nicht ins Licht gelangten. Die Frage stellt sich, ob das überhaupt echte Nahtoderfahrungen sind oder nur ein kleiner Ausflug in einen anderen Bewusstseinszustand. Die Betroffenen erleben den Tunnel als Bedrohung,

Enge oder Leere und was sich dann vor ihren inneren Augen manifestiert, sind eigene Schreckenswelten. Werden sie dann zurückgeholt, glauben sie, in der Hölle gewesen zu sein. Wenn sich ein Betroffener auf die sich entfaltende NTE einlassen kann, verändert sich das Negative durchaus in eine friedliche und schöne Lichterfahrung.

Die amerikanische Internistin, Dr. Barbara Rommer, veröffentlichte eine Studie über negativ erlebte Nahtoderfahrungen in ihrem Buch »Der verkleidete Segen«. Sie kommt zu dem Schluss, dass sich die Persönlichkeit der Erlebenden genauso positiv verändert wie bei den anderen NTEs. Es geht einzig und allein um Liebe und Akzeptanz der Dinge, wie sie sind. Wer das versteht, vermag im Hier und Jetzt sein Leben durch dieses Wissen zu verändern.

9. Kapitel

Die Wahrnehmung des Jenseits

Akustische Wahrnehmungen

Wenn die Seele den Körper verlassen hat, gehen wir ein in ein körperloses Bewusstsein. Alles, was jetzt wahrgenommen wird, sind keine Eindrücke unserer üblichen Sinnesorgane, sondern ein Produkt der höheren Geistsicht der Dinge, die unabhängig vom Körper existiert. Da Raum und Zeit aufgehoben sind, entfaltet sich ein gleichzeitiger unbegrenzter Zugang zu allem Sein. Hören, Sehen, Riechen existieren weiter, allerdings in einer wesentlich intensiveren Art und Weise. Alle Abläufe beschleunigen sich.
Der Übergang oder Eintritt in das Jenseits ist häufig mit akustischen Wahrnehmungen verbunden. Sterbende berichten kurz vor dem eigentlichen Tod davon, himmlische Musik zu hören. Das ist ein häufiger Bestandteil der Sterbebettvisionen. Eine Sterbebegleiterin berichtete mir:

»Als Frau Müller ihre Augen öffnete, erschien sie mir wie von einem inneren Licht erhellt. Sie bemerkte meine Anwesenheit und flüsterte: ›Ich war im Himmel und hörte eine wunderbare Sphärenmusik, wie ich das hier noch nie erlebt habe. Die Harmonie der Töne ist unbeschreiblich. Ich weiß jetzt, dass ich den Tod nicht fürchten muss.‹ Wenige Stunden später starb Frau Müller friedlich in meinem Beisein.«

Edward erlebte während seiner Nahtoderfahrung Ähnliches:

»Die Erfahrung war atemberaubend, die Stille wundervoll. In leiser Entfernung war eine winzige Andeutung von wunderbarer Musik, Musik jenseits all dessen, was ich auf Erden gehört habe.«[122]

In der neuen umfassendsten Dokumentation von Nahtoderfahrungen aus der ganzen Welt von Jeffrey Long heißt es dazu in einem Beispiel:

»Eine Musik, deren Klang sich mit Worten gar nicht beschreiben lässt, weil man sie auf dieser Welt nicht in dieser Klarheit hören kann! Die Farben waren nicht von dieser Welt – so tief, so leuchtend, so wunderschön!«[123]

Die Mystiker sprachen von einer geheimnisvollen Sphärenmusik, die das menschliche Ohr nicht hören kann, die aber in erweiterten Bewusstseinszuständen zugänglich wird. Das wird immer wieder in den Nahtoderfahrungen bestätigt. Unsere Vorstellungen vom Leben nach dem Tod sind oft düster, voll von strengen, unfehlbaren Wesen und erstarrter Seligkeit. Die Wahrnehmung der himmlischen Musik entspannt und beruhigt die Erlebenden.

»Ich hörte diese Musik, aber ich wusste nicht, woher sie kam, und ich kann nicht einmal beschreiben, wie sie klang. Es war eine Art Instrumentalmusik oder Stimmen, ich weiß wirklich nicht. Ich erinnere mich aber, dass ich zuhörte und dachte: Ich wusste gar nicht, dass es neben all den Noten, die wir kennen, noch so viele andere gibt. Sie alle ergaben einen harmonischen Klang. Ich hörte zu, und die Musik machte mich sehr glücklich. Es war wirklich wunderschöne Musik.«[124]

Das Hören bezieht sich nicht nur auf außersinnliche akustische Wahrnehmungen, sondern auch auf lebende Personen, wobei noch nicht ausgesprochene Gedanken wahrgenommen werden. Besonders häufig sind Berichte über die ärztliche Feststellung des Todes. Ein Mann beschrieb das so:

»Ich hörte einen furchtbaren, krächzenden Laut aus meiner Kehle kommen, als ob sie zu jemand anderem gehörte, und plötzlich kamen von allen Seiten Ärzte und Schwestern angerannt und machten sich an mir zu schaffen. Einer von ihnen trat zurück und murmelte: Er ist tot, es hat keinen Zweck mehr. Ich brauchte einige Sekunden, um zu begreifen, was er meinte und wollte aufstehen und rumlaufen, um ihm zu zeigen, dass ich nicht tot war.«[125]

Eine Frau versuchte, das spezifische Hören während ihrer außerkörperlichen Erfahrung genauer zu beschreiben:

»Überall um mich herum sah ich Leute, und ich konnte auch verstehen, was sie sagten. Ich hörte sie jedoch nicht akustisch so, wie ich Sie jetzt höre. Es war eher so, dass ich wusste – ganz genau wusste – was sie dachten, und zwar nicht in ihrer jeweiligen Ausdrucksweise, sondern nur in meinem Bewusstsein. Ich erhaschte es jedes Mal genau in dem Augenblick, bevor sie den Mund zum Sprechen aufmachten.«[126]

Dieses Beispiel drückt einmal mehr aus, dass wir unsere Gedanken sind, die in einem höheren Bewusstseinszustand wahrgenommen werden können. Es ist sozusagen eine Gedankenübertragung von Bewusstsein zu Bewusstsein und dadurch unabhängig von den Sinnesorganen.
Neben der Erfahrung eines Übergangs durch einen Tunnel, eine Dunkelheit, eine Leere oder eine Wiese ist dieser Aspekt der Nahtoderfahrung damit verbunden, dass sich das Bewusstsein erweitert hat, dass nun Dinge der übersinnlichen Welt geschaut werden können.

Die transzendente Schönheit der geistigen Welt

Viele Menschen glauben, dass wir über das Jenseits nichts wissen können, da sie das Unsichtbare durch die irdische Sichtweise unserer linearen Wirklichkeit schlicht nicht für möglich halten. Wie oft wird in diesem Zusammenhang zum Ausdruck gebracht, dass ja noch nie jemand zurückgekommen sei, der gestorben ist, um darüber zu berichten.

Die Sterbeerlebnisse aller Zeiten sprechen da eine vollkommen andere Sprache, genauso wie die spirituellen Durchbrüche, die spontan im Alltag erlebt werden können. Sie alle haben Wahrnehmungen der anderen Welt, wie sie auch durch religiöse Gebets- oder Meditationserfahrungen, in den Wahrnehmungen hellsichtiger Medien oder in den Visionen der Mystiker beschrieben werden. Sehr aufschlussreich und beeindruckend sind die Jenseitserfahrungen in den Todesnähe-Erlebnissen.

Die Beschreibungen reichen in ihrer Bandbreite von Bewusstseinszuständen, die der irdischen Lebensweise gleichen, bis hin zu Daseinsformen, die nur in mystischen Kategorien erfasst werden können. Die Erlebenden berichten von einem Gefühl gesteigerter Individualität ihrer Selbstwahrnehmung und der Einheit mit Gott:

»Ich war ich selbst, alles und nichts in einer alles durchdringenden Gegenwart. Ich befand mich in Allem-was-Ist. Ich finde keine Worte, diese Wirklichkeit auszudrücken. Ich war reines Licht, weder weiß, noch gelb, noch schwarz. Es war, als verbliebe ich in einem reinen, essenziellen Sein.«[127]

Andere beschreiben ihre Selbstwahrnehmung damit, reines Licht und reiner Geist gewesen zu sein, ein reiner Gedanke, der sie mit Gottes Gedanken verband. Vielfach tauchen dann paradiesartige Landschaften in den Beschreibungen der vorgefundenen Umgebung auf. Wie bereits an anderer Stelle beschrieben, werden beispielsweise Farben erblickt, die in ihrer Schönheit, Intensität und Vollendung mit menschlichen Worten nicht zu umschreiben sind, da wir Derartiges hier gar nicht kennen. In einem Bericht heißt es dazu:

»Ich sah in einen Tunnel hinab, der außen ganz dunkel war. Aber an seinem Ende sah man helles Licht und herrlich grünes Gras. Ich habe noch niemals ein solch intensives und wundervolles Grün gesehen.«[128]

Eine Frau wurde von ihrem Schutzengel während eines Erstickungsanfalles in die jenseitige Welt geführt:

»Ich habe immer daran geglaubt, einen Schutzengel zu haben – schon seitdem ich vier Jahre alt war. Nun spürte ich, wie er mich bei der Hand nahm, und wir schienen in die Höhe zu schießen, so als befänden wir uns in einem Aufzug, einem hellen Licht entgegen. Dort erwarteten mich Blumen, Bäume, herrliche Musik. Es gab dort all die wunderbaren Dinge, die es auch auf der Erde gibt, nur tausendmal schöner.«[129]

Gary erlebte einen Frontalzusammenstoß mit äußerst schweren Verletzungen und erinnert sich an seine Jenseitsreise:
»Im Krankenhaus bezeichneten sie mich als klinisch tot. Aber während ich für diese Welt gestorben war, lebte ich in einer anderen weiter: Ich ging an einen hell erleuchteten Ort. Das Licht war goldgelb, und ich befand mich auf einer wunderschönen Wiese voller Blumen und Bäumen. Das Gras und die Blumen waren intensiv gefärbt, und ich spürte, wie ich von einer Welle der Liebe erfasst wurde.«[130]

Das Wissen darum, dass der Ort, an dem sich unsere geliebten Verstorbenen befinden, so weitaus schöner ist als alles, was wir uns in der Welt vorstellen können, vermag bei Menschen, die eine NTE erlebt haben, so manchen späteren Verlustschmerz zu lindern. All die unterschiedlichen Topografien – Berge, Täler, Wiesen, Pflanzen, Strände – sind durch das Licht der Liebe in ihrer ursprünglichen Form in dieser allumfassenden Einheit allen Seins in Ewigkeit eingeprägt. Dies ist ein unvergänglicher Seinszustand der jenseitigen Welt des Lichtes. In dem Durchdrungensein von diesem Licht enthüllt sich im folgenden Beispiel ein paradiesisches Szenario:

»Zuerst nahm ich wunderbare Farben wahr, alle Farben des Regenbogens. Sie wirkten durch das kristallisierte Licht noch kräftiger, leuchteten hell nach allen Seiten. Es war, als fiele dieses Licht durch ein Prisma aus einem herrlichen, reinen Diamanten auf mich, andererseits hatte ich gleichzeitig das Gefühl, mich in seinem Zentrum zu befinden. Ich stand auf einer himmlischen Weide mit Blumen. Es war ein anderer Raum, eine andere Zeit und vielleicht sogar ein anderes Universum. Aber ganz bestimmt war es ein anderes Bewusstsein – vibrierend und lebendiger als ich es von meinem irdischen Leben her kannte. In meinen Ohren klang Musik, so wunderbar, wie kein Komponist sie je zustande bringt. Sie war auch nicht von dieser Welt. Sie war besänftigend, zart und wärmend und schien tief aus meinem Inneren zu kommen.«[131]

Allen Berichten gemeinsam ist, dass die Erlebenden eine Welt der Geborgenheit und Harmonie erleben, die unsere kühnsten irdischen Vorstellungsmöglichkeiten bei Weitem übertreffen.

Lichtstädte und Gebäude

In den zahllosen Falldokumentationen ist häufig von Lichtstädten die Rede. Dazu heißt es in einem Bericht:

»Plötzlich brach ein ungeheures Licht herein. Ganz weit von mir entfernt sah ich eine Stadt. Selbst aus dieser ungeheuren Entfernung wirkte sie riesig. Und dann wurde mir klar, dass das Licht aus dieser Stadt kam, dass es sich nur um einen Laserstrahl aus Licht handeln konnte, der direkt auf mich gerichtet war.«[132]

Die Zeugin spricht von prachtvollen goldenen Straßen in einer Reinheit und Klarheit der Form, wie sie das noch nie gesehen hatte. Ähnlich wird in der Bibel das himmlische Jerusalem geschildert.
Dannion Brinkley sieht in seiner ultimativen NTE ebenfalls eine kristallene Stadt, die von innen heraus in einem kraftvollen Licht erstrahlt. Dann befindet er sich an einem Ort des Lernens in einem Gebäude, das er folgendermaßen beschreibt:

»Der Ort erinnerte mich an einen wunderbaren Vortragssaal. Die Bänke waren so angeordnet, dass jeder von seinem Platz aus auf ein langes Podium sehen konnte, das wie weißer Quarz schimmerte. Die Wand hinter diesem Podium bestand aus einem spektakulären Kaleidoskop in Farben von zarten Pastelltönen bis zu hellen Leuchtfarben. Ihre Schönheit war hypnotisierend. Ich beobachtete, wie die Farben sich miteinander vermischten, aufstiegen und pulsierten, wie es das Meer tut, wenn man weit draußen ist und auf die Tiefe blickt.«[133]

Hier wird die Endlosigkeit des Raumes und der Perspektive geschildert. Alle Details, die wahrgenommen werden, spiegeln die Einheit aller Erscheinungen mit dem Licht wider. In dieser Welt ist alles in harmonischer Bewegung und Schwingung, da alles die Essenz des Seins enthält. Betty Eadie erlebte dieses alles durchdringende lebendige Sein in der Betrachtung des Wassers:

»Leben. Auch das Wasser war voll davon. Jeder Tropfen des Wasserfalls hatte seine eigene Intelligenz und Aufgabe. Eine Melodie von majestätischer Schönheit ging von dem Wasserfall aus und erfüllte den Garten, bis sie sich in anderen Melodien verlor, die nun leise an mein Ohr drangen.«[134]

Die Einzigartigkeit der Schönheit des Geschauten aktiviert das Bewusstsein, diesen Ort des Lichtes und der Freude zu kennen. Tief in unseren Seeleninnenräumen ist die Erinnerung an diese Welt, aus der wir gekommen sind, gespeichert. All unsere menschlichen Sehnsüchte nach Geborgenheit, Vollkommenheit und Liebe haben hier ihren Ursprung.
Wenn die Begrenzungen des Körpers während einer Nahtoderfahrung aufgehoben sind, zerplatzen alle irdischen Illusionen darüber, wer wir in Wahrheit sind. In der Gegenwart des alles durchdringenden Lichtes erkennen die Betroffenen, dass ihre wahre Heimat in dieser glückseligen Welt der Liebe und transzendenten Schönheit liegt. Wie Schuppen fällt es ihnen von den Augen, dass sie Liebe sind. Das irdische Gefühl von Getrenntsein hebt sich auf in ein kosmisches Einheitsgefühl der Liebe.

All diese Berichte sind nichts anderes als der deutliche Hinweis, dass wir alle Teil eines viel größeren Ganzen sind. Wer auch nur einen kurzen Blick in diese andere Jenseitswirklichkeit geworfen hat, weiß, dass er immer geborgen ist und dass er unabhängig von seinen Verfehlungen immer geliebt wird. Liebe ist das Urprinzip und die Voraussetzung allen Lebens.

10. Kapitel
Die Verschmelzung mit allem Wissen

Der Zugang zu höherem Wissen

Wie wir in einem früheren Kapitel gesehen haben, sind Nahtoderfahrungen kulturübergreifende und religionsunabhängige Erlebnisse. Sie werden von Menschen unterschiedlichster Art erlebt und sind unabhängig von Alter und Geschlecht. Ob jemand Christ, Muslim, Buddhist, Jude oder Hindu ist, ob er sich als Atheist oder als gläubig begreift, ob Künstlerin, Arzt oder Hausfrau – echte reale Nahtoderfahrungen werden von Menschen jeden Berufes und jeden Alters ähnlich erlebt. Bewusstseinerweiternde Erfahrungen verweisen auf einen gemeinsamen Ursprung aller Menschen: Dem allumfassenden göttlichen Bewusstsein der reinen, bedingungslosen Liebe. Der Mensch ist Teil eines ewigen Ganzen, und der Tod ist nur ein Übergang in eine andere Form des Seins. Dabei wird eine Kontinuität einer individuellen Bewusstseinsessenz erfahren.
Wenn sich das Erden-Ich vom Körper gelöst hat, erfährt es das Eingebundensein in ein höheres Seelenbewusstsein. Dieser sich erweiternde Bewusstseinszustand führt in die Verbundenheit mit allem Wissen sowie zu tiefen mystischen Gotteserfahrungen. Das Gefühl universeller Liebe und der Gegenwart Gottes wird in vielen Berichten zum Ausdruck gebracht. Das wird, wie wir gesehen haben, häufig mit Licht assoziiert, das im Jenseits alles und jedes miteinander in Zusammenhang bringt und alles Sein durchdringt. Dieser göttliche Funke ist in jeden Menschen hineingelegt und ohne ihn könnte es kein beseeltes Leben geben. Dazu einige Beispiele:
»Ich fand mich in der Gegenwart von etwas, was man als ei-

nen Lichtstrudel beschreiben kann, vor. Dort war ein bestimmtes Gefühl universeller Liebe, die von wunderbarster und kraftvollster Natur war, anders als alles, was ich bisher gefühlt habe.«[135]

In einem anderen Bericht heißt es:

»Ich habe Gott getroffen. Er hat mich erkannt und mit mir gesprochen. Ich wusste sofort, wer es war. Gott war ein Wesen aus Licht. Ich weiß nicht, ob es religiös war oder nicht. Dort gibt es keine Religion. Nur Klarheit und Licht. Wir sehen, wen wir als Gott anerkennen.«[136]

Es ist sehr auffällig in westlichen Nahtoderfahrungen, dass hier häufig christliche Vorstellungen und Begegnungen mit Jesus oder Heiligen beschrieben werden.

»Ich habe Jesus gesehen. Ich habe ihn am Gesicht und an der Kleidung erkannt. Er hatte schlichtes, langes, dunkles Haar, lohfarbene Haut Er war viel kleiner als ich und hatte freundliche Augen. Er blickte in meine Seele und schien zufrieden. Ich habe Jesu wahre Anwesenheit einige Male gefühlt – eine freundliche, liebende, hilfreiche Person.«[137]

In einer anderen Erfahrung heißt es:

»Ich sah eine Wiese mit vielen bunten Blumen und eine herausragende Gestalt mit langem schwarzen Bart und schwarzen Haaren sowie Kinder, die er an der Hand hielt. Er trug ein weißes Gewand mit einer Kordel um die Taille.«[138]

Derartige Interpretationen des Lichtwesens entspringen eher den eigenen Vorstellungen. In Wirklichkeit ist die Christusenergie als Ausdruck höchster Liebe universeller Natur.

Mellen trat in seiner intensiven Nahtoderfahrung direkt mit dem Licht in Interaktion. Er wollte das wahre Wesen des Lichtes verstehen. Der folgende Abschnitt aus seinen Erfahrungen bestätigt die vorherige Aussage, dass wir das erkennen, was wir als Gott sehen wollen.

»Ich konnte dieses Licht fühlen. Es reagierte einfach, und die Botschaft war: Ja, für die Menschen. Es kommt darauf an, woher man kommt. Könnte es Jesus sein oder Buddha oder Krishna oder was auch immer.«

Das Lichtwesen

Doch dann enthüllt das Licht Mellen, dass es in Wirklichkeit eine Matrix ist, die Quelle und Ursache allen Seins, die wir Urkraft oder Gott nennen. Mellen fährt fort:

»Und mir wurde sehr klar, dass alle höheren Selbste als ein Wesen verbunden sind, wir sind tatsächlich ein und dasselbe Wesen, verschiedene Aspekte ein und desselben Wesens. Und ich sah dieses Mandala aus menschlichen Seelen. Es war das Schönste, was ich je gesehen habe. Ich ging einfach hinein, und es war einfach überwältigend. Es war wie alle Liebe, die man sich je gewünscht hat. Es war eine Art von Liebe, die heilt und genesen lässt und regeneriert.«[139]

Das Wesen der göttlichen Liebe ist als Abbild im göttlichen Funken des höheren Selbst des Menschen in jedem Einzelnen angelegt. Wir sind hier, um diese Liebe zu leben.
Die Allgegenwärtigkeit der Urkraft in unserem Leben bleibt den meisten Menschen verborgen. Sie ist in allem, was ist, vorhanden: In der Natur, den Pflanzen, den Tieren und den Menschen. Sie ist in uns und um uns und wir sind in ihr.

Das Licht am Ende des Tunnels ist unser eigenes untrennbares höheres Selbst, der stille Beobachter, der alle Gedanken, Worte und Taten unseres Lebens aufzeichnet und uns in Empfang nimmt, wenn wir auf die andere Seite des Daseins wechseln. Dannion Brinkley schreibt:

»Seine Gegenwart (damit ist das Lichtwesen gemeint, BJ) war mir angenehm; ich hatte eine Empfindung der Vertrautheit, das Gefühl, dass dieses Wesen jegliche Empfindung, die ich jemals gehabt hatte, mitverspürt hatte, von meinem ersten Atemzug bis zum Blitzschlag. Als ich dieses Wesen anblickte, hatte ich die Empfindung, dass niemand mich mehr lieben könnte, dass niemand mehr Empathie, Sympathie, Aufmunterung und nicht urteilendes Mitgefühl für mich haben könnte als dieses Wesen. Auch wenn ich von diesem Lichtwesen von ›ihm‹ spreche, war es für mich niemals männlich oder weiblich. Ich bin diese erste Begegnung immer wieder in meinem Kopf durchgegangen und kann mit Sicherheit sagen, dass keines der Wesen, denen ich begegnete, ein Geschlecht gehabt hat.«[140]

Wir schauen uns buchstäblich selbst ins Gesicht und sind gleichzeitig mit dem kosmischen Gedächtnis verbunden, damit uns die Auswirkungen unseres Lebens klar werden. Dazu einige kurze Beispiele:

»Ein Lichtwesen, eher eine Gegenwart als jemand Sichtbarer, ein Licht in all dem Licht. Ich erkannte sofort, dass dieses Wesen durch mich hindurchsehen und meine tiefsten Geheimnisse aufdecken konnte. Ich wusste ohne jeden Zweifel, dass, was immer er in mir sehen würde, er mich verstehen, annehmen und lieben würde.«[141]

Die Liebe und das totale Glück des Wiedererkennens kommt auch in folgenden Zitaten zum Ausdruck.

»Ich hatte das Empfinden, dass ich dieses Licht sehr gut kenne und dass ich auch ein Stück von diesem Licht selbst bin.«[142]

»Mir wurde klar, dass Leben Bewusstsein ist, dieses Bewusstsein, das hinter unserer Persönlichkeit steht, war immer da und wird immer da sein.«[143]

Dieses Bewusstsein, immer geborgen zu sein und niemals allein zu sein, ist die Liebe, die wir in uns erwecken sollen. Wir erkennen dann sogar, dass wir schon immer existiert haben. Mellen drückt das so aus:

»Und als ich in der Leere war, hatte ich das Gefühl, dass ich ein Bewusstsein hatte, noch bevor ich erschaffen worden war.«[144]

Alle Lebewesen sind ein unteilbares Ganzes und als solches nie getrennt von einem ewig schwingenden Energiefeld reiner Liebe und Harmonie.

Das totale Wissen

Die Begegnung mit dem Licht und mit dem Göttlichen ist gleichzeitig die Verschmelzung mit allem Wissen, was jemals war oder sein wird. Das ist ein Augenblick der Ewigkeit, wenn alle zeitlichen Begrenzungen – Vergangenheit, Gegenwart, Zukunft – aufgehoben werden und in der Einheit des Jetzt verschmelzen. Durch die Erweiterung des Bewusstseins wird die Essenz allen geistigen Wissens zugänglich. Eine Frau berichtet:

»Es war so, als ob ich alles wissen würde und nie wieder eine Frage zu stellen bräuchte. Neugier und Fragehunger waren wie weggewischt. Es war so, als ob ich alles über den Fortgang der Welten, über mich, auch über meine Zukunft wüsste.«[145]

Nahtoderfahrungen konfrontieren die Betroffenen mit Dimensionen des Seins oder Wissens, die ihnen vorher nicht zugänglich waren. Sie werden sich plötzlich eines ewigen, universellen Wissens bewusst. Die Konzepte unserer Wirklichkeitserfahrung werden transzendiert und der Gesamtzusammenhang unserer Identität zwischen dem Göttlichen und der Welt wird in Klarheit und Eindeutigkeit offenbart. Ein Mann beschreibt das so:

»Es ist, als ob in einem dunklen Raum, durch den wir uns tastend zu bewegen gewohnt waren, plötzlich für einen Augenblick das Licht erstrahlt. Jetzt erfahren wir, was Sehen bedeutet. Im Augenblick des Todes zerspringt das Hirngespinst, und wir können erstmals erkennen, was sich hinter unserem Gemälde verborgen hat: Die wirkliche Wirklichkeit. In diesem Augenblick begriff ich, dass es allumfassendes Wissen gibt und dass ich daran teilhabe. Dieses Wissen ist mir jetzt nicht mehr zugänglich.«[146]
Der Einblick in das Wissen der Gesetze des Jenseits ist nach der Rückkehr in den Körper nicht länger zugänglich. Der Körper und der Verstand des Menschen können diese Bewusstseinerweiterung nicht verarbeiten, da hohes geistiges Wissen die Konzepte der irdischen Wirklichkeit zerbrechen lässt und dieses Wissen nicht in Fleisch und Blut übersetzt werden kann. Dennoch wird diese überwältigende Erfahrung nie vergessen. Wir können davon ausgehen, dass dieses Wissen in jedem von uns verborgen liegt. Deswegen ähneln sich die Aussagen über diesen Aspekt der NTE so sehr.

»In diesem anderen Reich liegt alles, auch Wahrheiten zum Beispiel, einfach vor dir, und das Einzige, was du zu tun hast, ist, einfach nur an das zu denken, was du wissen willst, und schon hast du es. Der Geist steht an oberster Stelle. Was mich erstaunte, war meine Fähigkeit, gleichzeitig so viele Dinge zu denken, wie ich wollte. Ich weiß noch, wie verblüfft ich war, als ich merkte, dass ich viele, viele Gedanken gleichzeitig hatte, und alles problemlos verstand.«[147]

Ein junger Mann beschrieb diese Zusammenhänge so:

»Es kam mir vor, als ob mir alles, was ich jemals wissen musste oder wissen wollte, verfügbar sei. Aber als ich fragte: ›Weshalb bin ich hier?‹, spürte ich ein abruptes Ende dieses Gefühls. Es war, als würde all dieses Wissen aus meinem Inneren kommen, denn ich musste mit niemandem sprechen – alles geschah einfach. Jedes Mal, wenn mir eine Frage in den Sinn kam, war es wie eine Erleuchtung.«[148]

Die Verbundenheit mit dem uneingeschränkten Wissen, in der jede Frage beantwortet wird, ist ein wesentlicher Aspekt einer kosmischen Einheitserfahrung. Im allumfassenden Bewusstsein ist alles Wissen aller Zeiten gespeichert. Nichts geht verloren, da hinter allem Sein ein bewusster Geist existiert, die Matrix der Ursache aller Schöpfung. Genau damit kommen manche während ihrer NTE in Berührung. Die Betroffenen wissen dann – und die Metaphern der Umschreibung sind immer ähnlich –, dass sie eins sind mit all dem, was jemals war. Mancher spricht davon, sich aller Dinge bewusst gewesen zu sein, die jemals erschaffen wurden. Ein anderer wusste plötzlich, warum jedes Atom war. Sie werden wiedererinnert an ihren geistigen Ursprung, von dem sie eigentlich nie getrennt waren: Wir alle sind Teil eines großen göttlichen Ganzen.

Gotteserfahrungen

Manche Nahtoderfahrungen gehen weit über das übliche Schema von Tunnel, Licht und Lebensrückschau hinaus. Sie offenbaren Schöpfungsgeheimnisse, tiefste Einsichten in jenseitige Gegebenheiten und berichten von direkten Verschmelzungen mit Gott. Sie werden von der Forschung als *ultimative Nahtoderfahrungen* bezeichnet. Sie treten dann auf, wenn eine NTE länger dauert als die üblichen fünf Minuten. Es gibt Fälle von Menschen, die bis zu einer Stunde klinisch tot waren und trotzdem zurückkehren konnten. Das kommt nicht sehr häufig vor, aber es geschieht. Die auffällige Gemeinsamkeit derartiger Berichte ist, dass diese Personen in das Licht eingetreten sind, also eine Verschmelzung des höheren Selbst mit ihrem Erden-Ich erlebten und dadurch in die Multidimensionalität der höheren Lichtwelten katapultiert wurden. Die Betroffenen beschreiben unabhängig voneinander ein zweites, zentrales Licht, was dann als direkte Gottesbegegnung empfunden wird.

»Ich wurde in das Licht gebracht, und zu meiner Überraschung durch es hindurch. Wie durch eine Art Schallmauer, durch die ich hindurch ging. Es geschah alles so schnell, als ich *dieses* Licht traf (ein weiteres Licht, das zweite Licht), war es, als würde ich mich auflösen. Und in diesem Augenblick verstand ich, dass ich zum Urknall kam. Das war das erste Licht überhaupt.«[149]

Mellen schildert, dass er sich hier aller Dinge bewusst war, die jemals erschaffen worden waren. Er befand sich direkt in Gott und schaute mit dessen Augen. Danach erlebte er seine Erfahrung rückwärts.

»Ich flog durch den Urknall zurück, und an diesem Punkt begriff ich, dass alles seit dem Urknall, seit dem, was das erste Wort genannt wird, eigentlich die erste Schwingung ist. Bevor es irgendeine Schwingung gab, gab es einen Ort.«[150]

Während seiner Rückkehr nahm Mellen das gesamte Universum als reine Energieform wahr. Wir sind in einem kosmischen Netz organischer Einheit miteinander verbunden. Das höhere Selbst ist unsere Verbindung zu Gott, da es uns direkt in SEINE Gegenwart zurückzubringen vermag: in die erste Schwingung, das erste Wort und davor. In der Gemeinschaft mit Gott sind wir ewige Wesen, die schon vor dem Urknall in IHM existiert haben. ER ist die einzige Ursache aller Erscheinungsformen jener ersten Schwingung.

Die Mystiker aller Zeiten haben das erweiterte außerkörperliche Bewusstsein und lebensspendende Zentrum allen Seins ähnlich beschrieben. Paramahansa Yogananda, der große indische Heilige, machte die persönliche Erfahrung des kosmischen Bewusstseins durch einen spirituellen Durchbruch während einer Meditation. Seine Beschreibung ähnelt in verblüffender Weise den Erlebnissen der Nahtoderfahrenen.

»Mein Ich-Bewusstsein beschränkte sich nicht mehr auf den Körper, sondern umfasste alle mich umgebenden Atome ... Die göttlichen Strahlen flossen aus einem ewigen Quell nach allen Richtungen und bildeten Milchstraßensysteme, die von einem unbeschreiblichen Glanz verklärt wurden ... Ich erkannte, dass der göttliche Geist unerschöpfliche Glückseligkeit ist und sein Körper aus zahllosen Lichtgeweben besteht. Die sich in meinem Inneren ausbreitende Seligkeit begann, Städte, Kontinente, die Erde, Sonnen- und Sternensysteme, ätherische Urnebel und schwebende Universen zu umfassen.«[151]

Alle Formen und Kräfte im Universum werden allein vom Geist Gottes belebt und aufrechterhalten. Eine Gotteserfahrung ist ein universelles Erleben, welches selbst in den unterschiedlichsten Kulturkreisen in Wortwahl und ekstatischen Empfindungen ähnlich beschrieben wird.

Howard Storm beschreibt in seinem Nahtoderlebnis ebenfalls den strahlenden, zentralen Ursprung einer alles durchdringenden Präsenz. Sein höheres Selbst hüllt ihn ein und trägt ihn in eine ferne Galaxie.

»In ihrem Zentrum herrschte ein ungeheuer konzentriertes Licht. Unzählige Millionen von Lichtkugeln flogen darum herum, die in diese große Wesenheit in der Mitte hineinflogen oder herauskamen. Als wir uns dem großen leuchtenden Zentrum näherten, wurde ich von einer fühlbaren Strahlung durchdrungen, die ich als intensive Gedanken und Gefühle erlebte.«[152]

Das Bewusstsein der Betroffenen erweitert sich dergestalt, dass es nicht nur das gesamte Universum erfasst, sondern auch dessen Ursprung. Norman Paulsen berichtet:

»Ich dehne mich kugelförmig aus, bewege mich mit unglaublicher Geschwindigkeit in alle Richtungen gleichzeitig. Jetzt ist überall um mich herum das Licht der Schöpfung im Überfluss – Sternensysteme, Galaxien, Universen, ich existierte in ihnen und sie in mir. Das ist reine Ekstase. Ich fühle mich jenseits der Grenzen von allem, was ich je wahrgenommen habe.«[153]

Eine derartige Erfahrung ist kaum in menschliche Worte zu fassen. Während einer Nahtoderfahrung werden all diese Dinge nicht mit den physischen Sinnen erblickt, sondern die inneren Augen öffnen sich in der Resonanz zum kosmischen, göttlichen Bewusstsein. Diese Essenz Gottes wurde von Tom Sawyer folgendermaßen beschrieben:

»Die Essenz Gottes beinhaltet totales Wissen, Allwissen und unbedingte Liebe. Alles ist Gegenwart, es vergeht keine Zeit. Das Erlebnis des totalen Wissens wurde mir geschenkt. Es war ein Geschenk der Liebe. Gott liebt uns und stellt uns dieses totale Wissen zur Verfügung. Dabei spürte ich die unendliche göttliche Macht.«[154]

Die Erfahrung, im Zentrum Gottes zu sein und mit ihm eins zu sein, beantwortet jede Lebensfrage und erklärt jeden Sinn des Lebens, der uns während unseres Lebensdaseins und deren Anfechtungen oft nicht mehr zugänglich ist. Dazu eine passende Beschreibung, die auch aufzeigt, wie schwer es ist, diesen ultimativen Bewusstseinszustand zu beschreiben:

»Ich war mit Wissen gespeist, alles, was man wissen, verstehen, denken kann. Ich wusste und war gänzlich Wahrheit und Schönheit. Ich war reine, ewige Liebe. Ich war eins mit allem, was ist, und ich war alles, was ist. Es gibt keine Worte, um dieses Erlebnis angemessen zu beschreiben. Es gibt nicht genügend Steigerungsmöglichkeiten, um diese Gesamtheit, Einheit, Harmonie, Schönheit und Reinheit von all diesem Wissen und dieser Liebe mitzuteilen.«[155]

Auch Virginia spricht von dem Gefühl, im göttlichen Zentrum des Universums gewesen zu sein:

»Dort herrschte sofort totale, absolute Bewusstheit. Ich konnte Gott nicht sehen, so wie ich Sie sehen kann. Aber trotzdem wusste ich, dass er es war. Ein Licht, eine Schönheit, die von innen unendlich in alle Richtungen strahlte und jedes

Atom des Daseins berührte. Die Harmonie von Farbe, Form und Melodie hatte hier im Licht ihren Ursprung. Es war Gott, seine Liebe, sein Licht, sein essenzielles Wesen, die Kraft der Schöpfung, die bis an die Enden der Ewigkeit ausstrahlte und sich als ein pulsierendes Leuchten der Liebe mir entgegenstreckte, um mich nach Hause zu bringen.«[156]

Virginia ist mit Gott verschmolzen. Die Kommunikation findet nicht über Worte statt, sondern durch telepathische Gedankenübertragung. Sie fährt fort in ihrer Beschreibung:

»Er sprach nie mit Worten zu mir, aber ich hörte seine Gedanken so deutlich, als seien es Worte. Seine Worte, seine Gedanken, seine Stimme in meinem Kopf waren großartig, entzückend, unwiderstehlich, nicht fordernd – sanft und gütig und liebevoller, als Worte es beschreiben können. In seiner Gegenwart zu sein war inspirierender, einladender als jede Art von Liebe und Harmonie, die man in unserer Realität finden kann.«[157]

Gott wird nicht als Person wahrgenommen, sondern als ein gewaltiges energetisches Feld bedingungsloser Liebe und Wissen. Das sprengt alle menschlichen Vorstellungen von dieser Urkraft. ER hat weder Gestalt noch Geschlecht. In einem Erlebnis wird das so ausgedrückt:

»Dort, vor mir, war die lebendige Präsenz des Lichtes. In ihm spürte ich eine alles durchdringende Intelligenz, Weisheit, Mitgefühl, Liebe und Wahrheit. Dieses vollkommene Wesen hatte weder eine Gestalt noch ein Geschlecht. Es enthielt alles so, wie weißes Licht alle Farben des Regebogens enthält, wenn es durch ein Prisma fällt. Und tief in meinem Inneren formte sich sofort eine wundersame Erkenntnis: Ich, ja ich, stand vor Gott!«[158]

Das höhere Selbst, durch das wir mit Gott verbunden sind, ist der Repräsentant eben dieser Liebe in unseren Seeleninnenräumen, von der in diesem Beispiel die Rede ist. Wir wurden geboren, um diese Liebe auf der Erde zu entfalten und zu leben. Liebe und geistiges Wissen sind das Einzige, was wir mitnehmen können, wenn wir sterben. Dieses reine, klare, energetische Zentrum als Ebenbild Gottes in uns zeichnet sich durch Humor und Verständnis aus für die Schwächen unseres Lebens.

Gott ist humorvoll, um uns aus der Schwere der Alltagslasten zu befreien. Die hohe geistige Welt ist keine erstarrte Seligkeit ewiger Anbetung, sondern geprägt von Leichtigkeit und Freude. Eine Frau erinnert sich:

»Und als das Licht näher kam und größer wurde, begann ich dieses Gefühl der Wärme und Liebe zu haben, aber mit einer Art herzlichem Lachen darin, so, als hätte es irgendwie einen Sinn für Humor. All meine Probleme und Schmerzen fielen von mir ab, bis ich nur noch eine große Glückskugel war, die auf das Licht zuraste. Ich lachte, weil ich so glücklich war, in diesem Licht zu sein, und ich fühlte mich dazu bestimmt, dort zu sein.«[159]

Eine andere Frau sprach von den Veränderungen in ihrem Leben nach ihrer Nahtoderfahrung:

»Ich glaube, ich beurteile die Menschen nicht mehr so hart, wie ich es früher getan habe. Vielleicht habe ich auch mehr Sinn für Humor als vorher.«[160]

Unser Schöpfer will nicht das Leid, sondern unsere Freude. Der Alltag ist oft schwierig genug, aber wir können aus diesen Berichten lernen, nicht alles im Leben so schwer zu nehmen und mehr Leichtigkeit und Humor zuzulassen. Es gibt einen Grund für alles, was geschieht, und unser ewiges Selbst weiß es in seinem tiefsten Inneren. In der mystischen Verschmelzung mit der Gotteskraft werden nicht nur alle Fragen beantwortet, sondern die Betroffenen erleben eine unbeschreibliche Herrlichkeit und Ekstase, die sie für immer verändert. Beverly berichtet:

»Nun war ich nicht nur von allem Wissen erfüllt, sondern auch mit aller Liebe. Es war, als würde sich das Licht in mich und durch mich ergießen. Ich war Gottes Objekt der Anbetung; und seine/unsere Liebe schenkte mir Liebe und Freude jenseits aller Vorstellung. Mein Wesen wurde verwandelt; meine Verblendungen, Sünden und Schuld wurden vergeben und geläutert, ohne dass ich darum bat: Nun war ich Liebe, ursprüngliches Sein und Glückseligkeit. Und in einem gewissen Sinn bleibe ich dort auf ewig. Eine solche Vereinigung kann nicht mehr gelöst werden. Sie war immer, ist immer und wird immer sein.«[161]

Wenn wir die unterschiedlichen Berichte miteinander vergleichen, wurde den Erlebenden im Wesentlichen dieselbe göttliche Offenbarung eines zweiten Lichtes oder Zentrums des Universums zuteil. Es kann nur darum gehen, das Leben neu zu sehen und entsprechend zu handeln. Beverly berichtete 20 Jahre nach ihrer ultimativen Nahtoderfahrung von den bedeutsamen Veränderungen und Auswirkungen auf ihr Leben:

»Kein Traum und keine Halluzination hätte so intensiv sein können, dass mein ganzes Leben dadurch radikal verändert worden wäre. Ganz im Gegenteil – heute sehe ich mein restliches Leben als eine flüchtige Fantasie an, einen kurzen Traum, der enden wird, wenn ich in der ewigen Präsenz dieses Spenders von Leben und Segen wiedererwache. Denen, die in Trauer oder Angst leben, kann ich versichern: Es gibt keinen Tod, und die Liebe endet niemals. Und denkt auch daran, dass wir Aspekte des einen, vollkommenen Ganzen sind und als solche Gott und einander angehören. Eines Tages werden Sie, der Leser dieser Zeilen, und ich im Licht und in Liebe und unendlicher Glückseligkeit zusammen sein.«[162]

11. Kapitel

Die Bedeutung der Nahtoderfahrung für den Sterbeprozess

Sterben als spirituelles Erleben

Die universellen Merkmale der Nahtoderfahrung, wie sie in diesem Buch herausgearbeitet wurden, zeigen auf, was jeder von uns erleben wird, wenn er stirbt. Der Transformationsprozess, der von den meisten Menschen nach einer NTE durchlaufen wird, entspricht genau jener Wandlung, die ein Sterbender durchläuft, wenn er sich dem geistigen Geschehen des Sterbens öffnet und seinen bevorstehenden Tod akzeptieren kann.

Sterben ist ein zutiefst spirituelles Erleben, da die Ablösung der Seele vom Körper mit einer Vielzahl auftretender Phänomene verbunden ist. Insofern sind die unterschiedlichen Aspekte einer Nahtoderfahrung die konkrete Beschreibung des Übergangs des Menschen in die jenseitige Realität. Es sind dieselben wesentlichen Merkmale, die auch den Sterbeprozess des Menschen durchziehen.

Leben und Sterben sind ein Wachstumsprozess. Die Seele stellt uns lebenslang Möglichkeiten zur Verfügung, um zu lernen, zu wachsen und bewusster zu werden. Dadurch ergeben sich Gelegenheiten, die persönliche Lebensaufgabe zu erkennen und zu erfüllen. Die letzte dieser Gelegenheiten ist der bevorstehende Tod: Wir sehen uns im Spiegel des gelebten Lebens und haben bis zuletzt die Möglichkeit, etwas zu verändern. Deswegen ist der Tod ein äußerst sinnvoller Prozess, da dadurch etwas Neues, Höheres entstehen kann. Wachstum ist bis in den eigentlichen Augenblick der Loslösung der Seele vom Körper möglich und natürlich auch darüber hinaus.

Die Angst vor dem Sterben

Wie wir gelebt haben, so werden wir sterben und von der geistigen Welt in Empfang genommen. Im Universum geht nichts verloren, und wir erschaffen mit unserer inneren Einstellung und deren Umsetzung die eigene Wirklichkeit, die auch das Sterben und den Tod umfasst.
Es ist die Angst, die uns von der inneren Stimme des höheren Selbst trennt. Beim Sterben werden wir mit den unverarbeiteten Konflikten konfrontiert. Hier zeigen sich vor allem die nicht losgelassenen Ängste, also das, was im eigenen Inneren mit dem Standpunkt dem Tod gegenüber zu tun hat, aber verdrängt wurde. Der Sterbende ist dadurch verunsichert, und eine mangelnde Anbindung an die geistige Welt lassen tief sitzende Befürchtungen oder das Ausmalen von Schreckensszenarien an die Oberfläche des Bewusstseins treten.
Es fehlt an Vertrauen, wenn sich jemand nie mit dem Sinn des Lebens auseinandergesetzt hat, wodurch die Zweifel, Ängste und das Misstrauen den existenziellen Dingen des Lebens gegenüber jetzt nicht länger beiseitegeschoben werden können. Dann entsteht eine Angst vor dem Unsichtbaren und dem nicht mehr Kontrollierbaren.
Wer sein Leben lang vor sich selbst und seinen Wahrheiten davongelaufen ist, dem fehlt der übergeordnete innere Halt, den wir im Außen sowieso nie finden können. Im Sterbeprozess werden wir mit unseren Vorstellungen von der Welt, wie sie sich durch unsere Erwartungen, Wünsche und Ängste aufgebaut hat, konfrontiert. Das ist unabhängig davon, ob diese Haltungen bewusst oder unbewusst in uns schlummern.

Auch im Sterbeprozess wirkt das geistige Prinzip der Anziehung: Angst zieht Angst an, das Hadern mit dem Schicksal Zweifel und Gottvertrauen Frieden und Loslassenkönnen. Was wir im tiefsten Inneren während unseres Lebens erwartet haben, ziehen wir auch im Zeitpunkt des Todes an. Die Masken des Todes sind Ausdruck des gelebten Lebens.
Genau deshalb fragen sich viele Menschen, warum sich jemand im Sterben so herumquälen muss, während andere ganz leicht gehen können. In der Begleitung ist es von großer Wichtigkeit, sich jeglicher Bewertung zu enthalten, da wir uns dadurch über die Schöpfung erheben. Niemand kann von einem anderen wissen, wie dessen Innerstes ausschaut.
Für den Sterbenden ist es wichtig, das Gefühl zu bekommen, mit sich im Reinen und im Ausgleich zu sein. Das bedeutet, dass sich Geben und Nehmen als Lebensbilanz in der Waage halten: materiell, geistig und energetisch. Je selbstloser wir im Leben gewesen sind, je mehr Liebe wir ohne Erwartung gegeben haben, desto bewusster und leichter vollzieht sich der Sterbeprozess. Unsere Ängste oder unser Vertrauen, die eigenen Wünsche, Vorstellungen, Erwartungen und Bewertungen bestimmen den Weg in die andere Welt. Wir erschaffen durch unsere Gedanken unsere eigene Realität: Im Leben auf der Erde, im Sterben und danach.
Die Erwartungen an den Tod sind bei jedem Menschen anders gefärbt: Das zeigt sich in aller Deutlichkeit auch in den Nahtoderfahrungen, die trotz ähnlicher Merkmale individuell unterschiedlich empfunden werden. Wir haben in jedem Augenblick unseres Lebens die Möglichkeit, uns dem Licht der göttlichen Liebe zu öffnen.
Wenn wir diese Chance – ob im Leben oder im Sterben – nutzen, lösen sich Zweifel, Ängste oder das Gefühl der Getrenntheit augenblicklich auf. Als Begleitende können wir davon ausgehen, dass die Loslösung der Seele vom Körper von der geistigen Welt unterstützt wird. Die entscheidenden Vorgän-

ge beim Sterben des Menschen vollziehen sich außerhalb der irdischen Sinne des Menschen, da sie feinstofflicher Natur sind.
Erinnern Sie sich daran, dass Sie Licht sind und immer sein werden! Danken Sie der Urkraft für das Geschenk des ewigen Lebens! Bitten Sie um Unterstützung, und empfehlen Sie den Sterbenden in die Obhut des Schöpfers.

Der einsetzende Sterbeprozess

Wenn der endgültige Sterbeprozess einsetzt, kann der Sterbende gewöhnlich sein Bett nicht mehr eigenständig verlassen. Es kommt zu einem erheblichen Energieverlust, er kann keine Dinge mehr halten und wirkt kraftlos. Er ist auf die Hilfe anderer angewiesen. Im Folgenden ist vom finalen Sterben des Menschen die Rede, also vom Prozess der endgültigen Ablösung der Seele vom Körper.
Der Sterbende erlebt Phasen zwischen Wach- und Schlafbewusstsein. Manche empfinden diesen Zustand als angenehm, andere lehnen sich dagegen auf. Bereits in dieser frühen Stufe des einsetzenden Sterbeprozesses zeigt sich, ob jemand bereit ist, sein Sterben anzunehmen, oder ob er sich der Tatsache des Sterbenmüssens verweigert.
In der Sterbebegleitung ist es nun von ausschlaggebender Wichtigkeit, dazu beizutragen, dass der Betroffene seinen nahen Tod akzeptieren kann. Je mehr Gegenwehr vorhanden ist, desto schwieriger gestaltet sich sein Prozess. Alle auftretenden Phänomene sind auf die langsame Loslösung der Seele vom Körper zurückzuführen. Dadurch verändert sich die Wahrnehmung des Sterbenden und er erlebt erweiterte Bewusstseinszustände wie in den Nahtoderfahrungen. Der Schleier zwischen dieser und der anderen Welt hebt sich auf. Da wir Menschen dazu neigen, eher auf den Körper und die

körperlichen Symptome eines Sterbenden zu schauen, verkennen wir die Tatsache, dass hinter dem, was wir mit unseren Augen wahrnehmen können, eine höhere geistige Macht anwesend ist. Diese lenkt die feinstofflichen Vorgänge, die für einen Angehörigen nicht unbedingt erkennbar sind.

Es ist für die Begleitung außerordentlich wichtig zu wissen, dass der Sterbende, unabhängig davon, ob er bewusstlos ist, bei klarem Bewusstsein ist oder im Koma liegt, im finalen Sterbeprozess alles mitbekommt, was um ihn herum geschieht. Das ist deswegen so wichtig, da Sie davon ausgehen können, dass alle Reaktionen der Angehörigen und die damit verbundenen Gefühle und Gedanken der Anwesenden durch die Bewusstseinserweiterung des Sterbenden wahrgenommen werden können. Er sieht und hört alles, was um ihn herum geschieht.

Wenn Sie einen Sterbenden besuchen, sollten Sie Respekt und Dankbarkeit zum Ausdruck bringen, lassen Sie sich nicht verleiten, wegen einer vermeintlichen Bewusstlosigkeit abfällig zu sprechen.

Der Sterbende weiß, dass er gehen wird. Das ist ein inneres Wissen, über das jeder Mensch verfügt – selbst beim plötzlichen Tod. Insofern sollte darauf geachtet werden, dass alles Beschönigende und das Verleugnen seines wahren Zustandes keinen Raum mehr hat. Sätze wie:»In drei Wochen bist du wieder zu Hause«, sollten vermieden werden.

Im finalen Sterbeprozess ist es wichtig, statt über Blumen und das Wetter zu sprechen, den Patienten dabei zu unterstützen, mit sich ins Reine zu kommen.

Nutzen Sie die Möglichkeit auch Ihrerseits, unerledigte Dinge anzusprechen. Wenn Ihr Vater ein Tyrann war, könnten Sie sagen: »Du hast mir das Leben nicht immer einfach gemacht.« Vielleicht führt das zu einer letzten offenen Aussprache, damit die aufgestaute Wut oder der Groll sich auflösen können. Bedenken Sie, dass eine Beziehung zu einem Verstorbenen erst dann gelöst ist, wenn auch der Angehörige seinen Groll aufgeben kann durch Vergebung. Die Begleitung Trauernder zeigt, dass sich viele Menschen jahrelang grämen, bestimmte Dinge nicht zum Ausdruck gebracht zu haben.

Die Konfrontation mit den nicht gelösten Dingen

Wir haben in einem vorangegangenen sehr ausführlichen Kapitel über die Bedeutung der Lebensrückschau für die geistige Entwicklung des Menschen schon gesprochen. Im Sterbeprozess zeigt sich, dass er immer auch eine Konfrontation mit den unerledigten Dingen unseres Lebens beinhaltet: Die Bilder des Lebens treten – wie in den Nahtoderfahrungen – an die Oberfläche des Bewusstseins!
Spätestens wenn wir das letzte Bett erreicht haben, können wir nicht länger vor uns selbst davonlaufen. Wir schauen uns selbst ungeschminkt ins Gesicht. Während unseres irdischen Lebens können wir bestimmte unangenehme Dinge und Wahrheiten verdrängen, wenn wir sie nicht wahrhaben wollen. Spätestens im Sterbeprozess werden wir davon eingeholt. Ein gutes Beispiel für diese Tatsache sind die verdrängten Kriegserlebnisse von Millionen von Menschen. Es ist eines der größten Tabuthemen unserer Zeit, dass in den Sterbeprozessen der Kriegsgeneration die damit verbundenen Traumata an die Oberfläche des Bewusstseins treten. Angehörige werden furchtbar aufgewühlt und sind erschrocken, wenn sie von ihrem Großvater oder Vater Dinge erfahren, die sie nicht für möglich gehalten hätten.
Frauen sind vielleicht vergewaltigt worden, haben aber nie darüber gesprochen, oder sie haben in Konzentrationslagern gearbeitet und haben dieses verschwiegen. Männer haben im Krieg getötet und sind nun mit den Auswirkungen ihrer Handlungen auf sich und andere konfrontiert. In den Fünf-

zigerjahren ging es darum, das Land nach dem Krieg neu zu strukturieren und wieder aufzubauen. Damals gab es kaum psychologische Hilfen oder Therapien, um die tiefen Traumata des Krieges zu bereinigen. Der allgemeine Verdrängungsmechanismus hat darüber hinaus auch seine Spuren in der Nachkriegsgeneration hinterlassen. Alles Unausgesprochene und Nicht-Verarbeitete hatte gravierende Auswirkungen auf die Nachgeborenen.

Insofern ist es sicherlich kein Zufall, dass die Generation der heute über Achtzigjährigen wie nie zuvor in der Geschichte an Alzheimer und Demenzerkrankung leidet. Wenn zu viele traumatische Erlebnisse nicht bearbeitet wurden, treten diese im Sterbeprozess an die Oberfläche. Die Seele schützt den Betroffenen dadurch, dass er in einen Zwischenzustand gehen kann, in dem die Eigenverantwortung ausgeschaltet ist. Den geistigen Verfall eines Menschen mitzuerleben und nichts dagegen tun zu können, ist eine große Herausforderung für die Angehörigen. Es kann nur darum gehen, in der Liebe zu bleiben und Mitgefühl und Akzeptanz aufzubringen.

Dadurch kann die seelische Ebene erreicht werden, die von der Demenzerkrankung unberührt bleibt. Dass die Seele immer ganz und heil ist, zeigt sich auch in den Sterbeprozessen von lebenslang geistig behinderten Menschen. Diese können oft über die Grenzen ihrer Erkrankung hinweg Dinge kurz vor dem Tod artikulieren, um sie dadurch zum Abschluss zu bringen.

Der Prozess der Selbsterkenntnis durch Bewusstwerdung der eigenen Schwächen und Fehler beinhaltet bei Sterbenden den Wunsch nach Vergebung und Selbstvergebung. Die Erkenntnis, anderen Unrecht getan zu haben, führt bei vielen noch in den letzten Tagen vor dem Tod dazu, sich aussöhnen zu wollen, um ihr Leben zu einem befriedigenden Abschluss zu bringen.

Wenn der Sterbende weiß, dass ein bestimmter Mensch, mit

dem er sich aussöhnen möchte, ihn besuchen wird, kann er mitunter selbst in kritischen Situationen seinen Prozess anhalten. Daran können wir erkennen, wie wichtig Vergebung ist, um loslassen zu können. Sobald dieses Gespräch stattgefunden hat, kann er in kurzer Zeit in Frieden gehen.
In dieser Phase ist es für die Sterbebegleitung von großer Wichtigkeit, den Sterbenden dabei zu unterstützen, dass die gewünschten Angehörigen oder Freunde benachrichtigt werden. Leider scheitert mancher Kontaktversuch an der Unnachgebigkeit und Sturheit der Betroffenen.
Sie können den segensreichen Prozess der Lebensbilanz dadurch anstoßen, indem Sie direkt fragen, ob noch Dinge bereinigt werden sollen oder ob er noch bestimmte Personen zu sehen wünscht. Jetzt ist es besonders wichtig, dem Sterbenden vorurteilsfrei zuzuhören. Lassen Sie zu, dass er seine Gefühle zum Ausdruck bringen kann.
Um in die Vollendung zu gelangen, muss der Sterbende radikal alles loslassen, was ihm im Leben etwas bedeutet hat: Menschen, Tiere, Musik, Bücher oder Autos. Das ist mitunter sehr schmerzhaft und traurig und ist verbunden mit Wut und Zorn, depressiven Verstimmungen oder emotionalen Ausbrüchen. Seien Sie einfach für den Sterbenden da. Hier ist echtes, liebevolles Mitgefühl gefordert, niemals Mitleid oder Verurteilungen.

Die Visionen Sterbender

Wenn Angehörige zu sehr klammern, weil sie den bevorstehenden Tod nicht wahrhaben wollen, reden Sie mit ihnen. Viele sind schon mit ihrer eigenen Trauer beschäftigt und damit nicht wirklich beim Sterbenden. Dabei ist es jetzt wichtig, ihn dabei zu unterstützen, seinen Tod akzeptieren zu können. In dieser Phase setzen die sogenannten Sterbebettvisionen ein.

Da sich die Seele immer mehr vom Körper löst, erlebt der Sterbende einen erweiterten Bewusstseinszustand und befindet sich teilweise außerhalb seines Körpers. Die außerkörperliche Erfahrung ist die Voraussetzung für den Übergang in die andere Welt.
Die Nahtoderfahrungen zeigen auf, dass der Erlebende alles, was am Ort seines Todes geschieht, sieht und hört. Genau das erlebt nun auch der Sterbende. Es ist ein Zustand höchster Bewusstheit. Gleichzeitig öffnen sich seine inneren Augen für die Gegenwart der geistigen Welt. Es kommt zu Begegnungen mit Verstorbenen, wie das auch in den Todesnähe-Erlebnissen häufig berichtet wird. Der Sterbende wird von vorangegangenen geliebten Verstorbenen in Empfang genommen. Das alles geschieht bei völlig klarem Bewusstsein.
Von den anwesenden Angehörigen wird dies fälschlicherweise häufig für eine Verbesserung des Gesundheitszustandes gehalten. In Wirklichkeit sind die Visionen Sterbender ein untrügliches Zeichen dafür, dass der Tod nun unmittelbar bevorsteht. Sie sind ein integraler Bestandteil des Sterbeprozesses und treten meist nur wenige Tage oder Stunden vor dem Übergang auf. Leider werden diese wichtigen Erfahrungen eines Sterbenden in Pflegeheimen oder Krankenhäusern oft als Halluzinationen abgetan und nicht selten mit Psychopharmaka oder Beruhigungsmitteln unterdrückt.
Wenn der Sterbende beginnt, von nur für ihn sichtbaren Verstorbenen, Lichtwesen oder Engeln zu sprechen, ist es in der Begleitung wichtig, diese Erlebnisse ernst zu nehmen. Wenn Sie das zulassen können, wird Ihnen der Sterbende Genaueres über seine Visionen oder Wahrnehmungen mitteilen. Selbst wenn Sie derartige Begebenheiten nicht für möglich halten, ist es besser, darüber zu schweigen. Wenn Sie ablehnend reagieren, spürt das der Sterbende sofort und wird Ihnen nichts über sein Erleben mitteilen.
Im Außen können die visionären Begegnungen mit der An-

derswelt daran erkannt werden, dass der Sterbende mit großen, glänzenden Augen in eine bestimmte Ecke des Raumes starrt oder zu einem bestimmten Punkt an der Decke. Viele bewegen sich mit ihren Händen und Armen auf ein imaginäres Ziel hin. Was die Sterbenden da erblicken, können wir meist nicht sehen oder nachvollziehen, aber dass sie etwas sehen, ist durch zahllose Berichte aus der Praxis der Sterbebegleitung dokumentiert worden.

»Frau Rahn lag schon seit längerer Zeit im Sterben. Sie hatte keine Angehörigen mehr. Als ich eines Morgens in ihr Zimmer kam, sah ich, dass sie verzweifelt versuchte, sich an dem Griff über ihrem Bett aufzurichten. An ihren Augen konnte ich erkennen, dass sie etwas sah, das sie zutiefst berührte und freudig erregte. Leise trat ich an ihr Bett. Als sie mich bemerkte, flüsterte sie: Mutter, du bist endlich da! Wenig später starb sie entspannt in meinen Armen. Frau Rahn hatte endlich ihren Frieden gefunden.«

Wir vermögen uns kaum die Freude vorzustellen, wie es ist, wenn jemand nach Jahren der Abwesenheit die längst verstorbene Mutter wiedersieht und sich mit ihr vereint wähnt. Die Reaktion der Sterbenden auf die Visionen sind Erstaunen, Freude und Glück. Sie fühlen sich angenommen, geliebt und erwartet. Sie können meist dadurch wenig später in Frieden sterben. Wenn Sie jemals bewusst in die Augen von Sterbenden geblickt haben, dann können Sie diese Freude im Leuchten der Augen wiedererkennen, als ob sie von einem inneren geistigen Licht erhellt werden. Die Tore zum Jenseits sind nun weit geöffnet. Eine Hospizhelferin berichtete mir:

»Plötzlich öffnete Herr Krause seine Augen. Sie strahlten eine unbeschreibliche Sanftmut und Seligkeit aus. Da war ein inneres Licht, ein Leuchten, wie ich es nie zuvor gesehen habe.

Ich glaube, er war vollendet. Mit diesem Blick starb er. Ich werde das nie vergessen.«

Es ist zu vermuten, dass viele Sterbende schon während ihres Übergangs das Licht sehen können. Deswegen werden in der Sterbebegleitung so häufig Lichtphänomene von den Anwesenden berichtet.

Du darfst jetzt gehen!

Die sich verstärkende Bewusstseinserweiterung ist der Grund dafür, dass der Sterbende verstärkt den Schmerz, den Kummer und das Nicht-Loslassen-Können der Angehörigen spürt. Das ist der Grund für ein häufig berichtetes Phänomen, wie es im folgenden Beispiel zum Ausdruck kommt:

»Monika saß seit vielen Stunden am Bett ihres Mannes, der sehr unruhig war. Sie versuchte, ihn zu besänftigen, hatte aber gleichzeitig große Angst vor seinem Tod. Sie war noch nicht bereit, ihn gehen zu lassen. Irgendwann hatte sie das Bedürfnis, einen Kaffe zu trinken und verließ nur kurz den Raum. Als sie wenige Minuten später zurückkam, war ihr Mann soeben gestorben. Sie machte sich schwere Vorwürfe, nicht bei ihm geblieben zu sein.«

Der Sterbende weiß genau, ob ein Angehöriger bereit ist, ihn gehen zu lassen. Das ist der Grund dafür, dass viele Menschen in dem Augenblick sterben, wenn der Begleitende den Raum verlässt. Jede Art des Festhaltens macht das Sterben schwerer. Hier sind wir mit einem weiteren Phänomen des Sterbeprozesses konfrontiert: Der Sterbende kann ab einem bestimmten Punkt den Zeitpunkt seines Übergangs selbst wählen. Umgekehrt kann es natürlich sein, dass er unbedingt in der

Gegenwart einer Lieblingstochter sterben will. Er wird versuchen, diese Situation herzustellen. Insofern muss niemand Schuldgefühle haben, wenn er zum Zeitpunkt des Todes nicht direkt dabei ist.

In diesem Gesamtzusammenhang sollte der einfache Satz ausgesprochen werden: Du darfst jetzt gehen!

Der Sterbende macht sich genauso viele Gedanken um seine Hinterbliebenen, wie sich seine Angehörigen um ihn sorgen. Wir können dem Sterbenden die Situation erleichtern durch Verständnis und Akzeptanz für sein Sterbenmüssen, damit er in Ruhe und Stille seinen Frieden finden kann.

In der Begleitung ist es überaus wichtig, unnützes Tun oder Hektik zu unterlassen. Wenn der Tod kurz bevorsteht, sollte sich jeder darüber bewusst sein, dass er nichts mehr tun kann, sondern nur noch mitfühlend für den Sterbenden da sein sollte. Wer die Stille zulassen kann, wird die Anwesenheit des Heiligen im Raum spüren.

Sterben ist mit der Freisetzung ungeheurer Energien verbunden, bis sich die Seele endgültig vom Körper lösen kann. Die unterschiedlichen Sterbephasen verlaufen fließend ineinander.

Die Ablösung der Elemente

Der Sterbende nimmt normalerweise in dieser Phase keine feste Nahrung mehr zu sich. Wenn nun künstlich in den Sterbeprozess eingegriffen wird, kann sich das Sterben unsäglich verlängern, da sich die Seele nicht vom Körper lösen kann. Wir wollen nicht wahrhaben, dass der Sterbende ab einem bestimmten Zeitpunkt nicht mehr essen will, was ein integraler Bestandteil des Sterbeprozesses ist. Es ist ein untrügliches Zeichen dafür, dass der Tod kurz bevorsteht. Zum Schluss verweigern auch viele Sterbende die Flüssigkeitszufuhr. Es ist eine barmherzige Einrichtung der Natur, dass mit zunehmendem Verfall des Körpers Hunger und Durst verschwinden. Das ist ein ganz natürliches Geschehen.

In dieser Phase des Sterbeprozesses wird das letzte Aufgebot der physischen Reserven beobachtet. Das kann sehr sanft verlaufen, wenn der Sterbende seinen Tod akzeptieren kann. Bei anderen wird Schreien, Stöhnen und Sich-Aufbäumen beobachtet. Die Seele beginnt, sich endgültig vom Körper zu lösen, wodurch die Ablösung der Elemente, Erde, Feuer, Wasser und Luft, einsetzt. Dieser Prozess bewirkt, dass die Lebenskraft den Körper verlassen kann. Er ist äußerlich beobachtbar und wurde in vielen Weisheitstraditionen durch die Jahrtausende überliefert, wie beispielsweise im Tibetischen oder Ägyptischen Totenbuch.

Die Ablösung der Elemente ist ein universales Geschehen und enthält die konkrete Beschreibung der körperlichen Phänomene, wenn sich die Seele vom Körper löst. Je mehr Gegenwehr von Seiten des Sterbenden vorhanden ist, desto schwieriger gestaltet sich die Ablösung der Elemente. Es werden ungeheure Energien freigesetzt.

Wenn sich die *Erde* auflöst, verfügt der Sterbende nicht länger über die Kraft, sich selbst aufzurichten oder Dinge festzuhalten. Er ist auf die Hilfe anderer angewiesen und verliert die Kontrolle über seinen Körper. Der Betroffene ist schwach und gebrechlich, die Haut wird blass, und die Wangen fallen ein. Viele lehnen sich gegen diesen Kontrollverlust über ihren Körper auf. Körperteile fühlen sich schwer an, oder es wird das Gefühl beschrieben, in den Boden hineinzusinken.

In der Sterbebegleitung ist es jetzt besonders wichtig, dem Patienten zu vermitteln, dass er nicht allein ist. Wenn viel Gegenwehr beim Sterbenden gegen sein Sterben vorhanden ist, stöhnen oder schreien sie. Manchen gelingt es, mit letzter Kraft über das Gitter vor dem Bett zu klettern. Sie wollen buchstäblich vor dem Tod davonlaufen und werden am nächsten Morgen tot in der Mitte des Raumes vom Pflegepersonal aufgefunden.

Sterben ist ein zweiteiliges Geschehen: Der äußere Verfall des Körpers wird vom Sterbenden selbst so nicht empfunden, da sich in Wirklichkeit nun die Seele vom Körper löst. Durch die Trennung des *Wasserelementes* verliert der Sterbende die Kontrolle über seine Körperflüssigkeiten und kann seine Ausscheidungen nicht mehr kontrollieren. Das Sehen lässt nach und der Geruchssinn geht verloren. Die Lunge fängt an zu brodeln oder es sind gurgelnde Geräusche aus der Kehle zu hören. Das ist ein ganz natürliches Geschehen. Im Außen kann der Eindruck entstehen, als würde der Betroffene an seinem eigenen Wasser in der Lunge ertrinken, was natürlich nicht der Fall ist. In der Sterbebegleitung ist es wichtig, ihm zu versichern, dass er bald nur noch von Liebe umgeben ist. Der Sterbende empfindet sich als leicht und durchlässig, und er stellt fest, dass er nicht länger an seinen Körper gebunden ist.

Das Element Wasser löst sich in das *Feuerelement* auf. Die Körperwärme beginnt, sich zu verflüchtigen, gewöhnlich von den Füßen und Händen her in Richtung Herz. Mund und Nase trocknen aus und er kann keine Flüssigkeit mehr zu sich nehmen. Der Körper des Sterbenden fühlt sich heiß an, und mancher spricht von dem Gefühl, innerlich zu verbrennen. Der Sterbende ist dabei oft ärgerlich oder ängstlich.

In der Begleitung ist es wichtig zu wissen, dass während dieses Prozesses die Bilder des gelebten Lebens hochsteigen. Weisen Sie den Sterbenden darauf hin, alle Schuldgefühle loszulassen. Er hat das Beste getan auf der Grundlage seines Wissens. Versichern Sie ihm, dass alles vergeben ist und nur die Liebe bleibt.

Jetzt löst sich das Feuerelement in das *Luftelement* auf. Das Atmen wird immer mühsamer und ein typisches Rasseln und Keuchen setzt ein. Eine Art Schnappatmung wird bemerkt und das Ausatmen wird immer länger. Es kann der Eindruck entstehen, dass der Tod schon eingetreten ist, da die Atmung schwerer wird und die Abstände zwischen den Atemzügen immer länger werden, bis der letzte Atemzug ausgestoßen ist.

Der Augenblick des Todes

Die Ablösung der Elemente mündet in den Augenblick des Todes. Alle Körperfunktionen kommen zur Ruhe und das Ende des Sterbeprozesses durch den letzten Herzschlag und den letzten hörbaren Atem setzt ein. Das ist dann der eigentliche Moment des Todes und das Sterben ist vollbracht. Im Raum wird häufig die Präsenz des Verstorbenen gespürt, die als Wärme oder starke Energie empfunden wird. Viele Sterbebegleiterinnen berichten davon, Lichtphänomene wahrgenommen zu haben. Jetzt ist es angebracht, dem Verstorbenen mit Respekt, Achtung und Dankbarkeit zu begegnen, denn er sieht und hört alles, was an seinem Bett geschieht.
Der Prozess der Ablösung der Seele vom Körper verläuft fließend. Wenn das feinstoffliche Band der Silberschnur, die Körper und Geist miteinander verbunden hat, durchtrennt ist, kann die Seele nicht mehr in den Körper zurückkehren. Wenn der Restkontakt zum Körper gelöst ist, stellt sich der Eindruck ein, nur noch eine leere Hülle vor sich zu haben.

12. Kapitel
Die Bedeutung der Nahtoderfahrung für unsere Gesellschaft

Würdiges und unwürdiges Sterben

Nachdem wir uns in den vorangegangenen Kapiteln mit der Realität der Nahtoderfahrungen intensiv auseinandergesetzt haben, sei hier abschließend auf die Bedeutung des Todesnähe-Erlebnisses für das Sterben des Menschen verwiesen. Nahtoderfahrungen belegen das Vorhandensein eines universalen Sterbecodes, der unabhängig ist von unterschiedlichen Kulturen und Religionen, und sind daher ein Beleg für das Fortleben des Menschen nach seinem irdischen Tod. Die verschiedenen Merkmale des Sterbens treten auf der ganzen Welt ähnlich auf. Wenn es uns als Gesellschaft gelingt, das Wissen über die Vorgänge beim Sterben ins Massenbewusstsein zu integrieren, können viele tiefsitzende Ängste in der Sterbebegleitung aufgelöst werden.
Die Realität des Sterbens in der gegenwärtigen Gesellschaft ist von Unwürdigkeit, Unwissen, Hilflosigkeit und Angst vor dem Verlust eines nahestehenden Menschen geprägt. Angesichts der Überalterung der gesamten westlichen Welt wird das Sterben ein zentrales und beherrschendes Thema der kommenden Jahrzehnte sein. Immer mehr alte Menschen stehen immer weniger jungen Menschen gegenüber. Langzeitpflege, künstliche Ernährung, zunehmende Kosten für die vielen Demenz- und Alzheimererkrankungen werden bald nicht mehr zu bezahlen sein.
Darüber hinaus stellt sich die drängende Frage, wo all die vie-

len Singles, die vor allem die Großstädte bevölkern, sterben können. Kein einziger Politiker hat sich bisher dieser Problematik angenommen. Es wird nicht annähernd genug Plätze geben in den vorhandenen Hospizeinrichtungen. Umfragen zufolge wünschen sich die meisten Bundesbürger, zu Hause im Kreise ihrer Liebsten sterben zu können. Was aber soll geschehen, wenn es keine nahen Angehörigen gibt oder nur einen? Das Sterben kann sich heute durch die vielfältigen Möglichkeiten der Lebensverlängerung über Jahre hinziehen. Wer will und kann die vielen alleinstehenden Menschen betreuen? Werden wir diesen erheblichen Personalaufwand bezahlen können? Das sind dringliche Fragestellungen, mit denen wir uns jetzt auseinandersetzen müssen, da die geburtenstarken Jahrgänge jetzt sukzessive in Rente gehen.
Durch die Gesundheitsreform und die Einführung von Maximal-Liegefristen in den Krankenhäusern hat sich die Situation vieler Sterbender erheblich verschlechtert. Durch die Verlagerung des Sterbens in die Institution von Pflegeheimen oder Krankenhäusern wurden diese zum Ort des Todes. Viele Kliniken sahen das als nicht sehr wünschenswert an, da doch das Krankenhaus auf das Heilen von Menschen ausgerichtet ist. Nun führen die neuen gesetzlichen Regelungen dazu, dass der Sterbeprozess noch mehr zerstückelt und so mancher orientierungslos wird. Ein würdevolles Sterben wird fast unmöglich gemacht. Hierzu ein typisches Fallbeispiel:

»Frau Zech zog sich nach einem Sturz in ihrer Wohnung einen Oberschenkelhalsbruch zu. Sie war zu diesem Zeitpunkt 88 Jahre alt und ihr Ehemann, der sie bewusstlos aufgefunden hatte, 92. Er rief den Notarzt, und Frau Zech wurde ins Krankenhaus eingeliefert. Sie musste sich einer sofortigen Notoperation unterziehen. Dennoch verschlechterte sich in den folgenden Tagen ihr Gesundheitszustand. Die Ärzte hatten die Hoffnung aufgegeben, dass Frau Zech das Kranken-

haus noch lebend verlassen würde. Die bis dahin so rüstige Frau lag im Sterben.
Dennoch musste sie nach drei Wochen aus dem Krankenhaus entlassen werden. Da eine Reha-Maßnahme nicht infrage kam, brachte man sie zunächst nach Hause. Der Ehemann war mit der Pflege völlig überfordert, und so sorgte der Hausarzt in Ermangelung eines Platzes im Pflegeheim dafür, dass die alte Frau in eine Kurzzeitpflege überwiesen wurde. Einige Wochen später war auch hier die Frist abgelaufen und so wurde sie noch in den letzten Lebenstagen in ein weiteres Heim überstellt. Hier starb sie nur einen Tag nach ihrer Einlieferung.«

Dieses Beispiel konfrontiert uns in nachdrücklicher Weise mit den Folgen der heute gesetzlichen Bestimmungen. Das trifft viele Menschen völlig unerwartet und unvorbereitet. Sterbende werden hin- und hertransportiert und statt Ruhe und Frieden finden zu können, werden sie in verschiedene Institutionen verschoben, bis dann gnädigerweise der Tod eintritt. Das betrifft vor allem Menschen, die keine oder nur wenige Angehörige haben. Der Sterbende weiß gar nicht mehr, wo er sich gerade befindet, und ist orientierungslos. Das lässt sich mit der viel beschworenen Würde des Sterbenden nicht vereinbaren.
Würdiges Sterben hat mit Mitgefühl und Solidarität zu tun und ist gesetzlich nicht regulierbar. Genauso haben wir keinerlei Kontrolle über den Zeitpunkt des Todes. Ein würdiges Sterben erfordert zumindest eine ruhige Umgebung, damit der Sterbende mit sich und seinen Angehörigen ins Reine kommen kann. Wie soll er sonst seinen nahenden Tod akzeptieren können und seinen Frieden finden?
Angesichts all dieser Problematiken ist es überaus notwendig, jetzt neue Konzepte und Möglichkeiten der Sterbebegleitung zu erarbeiten. Wenn wir uns mehr mit dem, was

wir heute über das Sterben wissen, auseinandersetzen würden, könnten wir die Vorgänge besser verstehen und darauf eingehen. Wir wissen dann, dass kein Abschied eine endgültige Trennung bedeutet, sondern nur ein Übergang ist in eine schönere und liebevollere Form des Seins.

Die Rechte Sterbender

Die zentrale Säule für die Rechte schwerkranker Patienten ist die Patientenverfügung. Mit diesem Mittel kann vorab bestimmt werden, was medizinisch unternommen oder unterlassen werden soll, wenn jemand nicht mehr entscheidungsfähig ist.
Die Verfügung sollte in Schriftform so verwahrt werden, dass Ärzte schnell in ihren Besitz kommen können. Es wird geraten, einen Bevollmächtigten zu benennen, der die Interessen des Patienten gegenüber den Ärzten vertritt. Das Bundesjustizministerium bietet Textbausteine und Formulierungshilfen auf seiner Internetseite an. Hier werden exemplarische Situationen dargestellt und gesetzliche Bestimmungen zur Einleitung, dem Umfang oder der Beendigung von lebenserhaltenden Maßnahmen.
Die Patientenverfügung ist verbindlich, wenn dadurch der Wille des Schwerstkranken für eine konkrete Situation eindeutig festgestellt werden kann. Das Patientenverfügungsgesetz wurde im Herbst 2009 verabschiedet. Dadurch endet das Selbstbestimmungsrecht des Patienten nicht beim Sterben. Die Missachtung einer Patientenverfügung kann strafbar sein. Im Juni 2010 bestätigte ein Urteil des Bundesgerichtshofs die Patientenautonomie. Folgender Fall wurde verhandelt:
»Eine 77 Jahre alte Frau lag seit fünf Jahren im Wachkoma nach einer Gehirnblutung. Es gab keinen Hinweis darauf,

dass die Frau ihre Umwelt noch wahrnehmen konnte. Sie wurde durch eine Magensonde künstlich am Leben erhalten. Ihre Tochter wusste, dass ihre Mutter nicht an Geräten vor sich hinvegetieren wollte. Deswegen wollte sie die künstliche Ernährung unterbrechen lassen und beriet sich mit einem Anwalt. Dieser versuchte, mit seiner Mandantin das Heim zur Einstellung der lebenserhaltenden Maßnahmen zu bewegen. Das Heim verweigerte dieses, und der Anwalt riet der Tochter, selbst den Schlauch der Magensonde durchzuschneiden. In einem Urteil des Landgerichtes Fulda wurde der Rechtsanwalt zu neun Monaten Haft auf Bewährung und einer hohen Geldstrafe verurteilt. Die Tochter wurde freigesprochen.«

In einem Grundsatzurteil zur passiven Sterbehilfe hob der BGH das Fulda-Urteil auf. Es ist nicht länger strafbar, bei todkranken Menschen die Beatmung abzuschalten oder die künstliche Ernährung zu unterbrechen. Der frei verantwortlich gefasste Wille eines Menschen muss in allen Lebenslagen beachtet werden. Kein Heim oder Krankenhaus wird sich in Zukunft darüber hinwegsetzen können. Durch dieses Urteil können Ärzte nicht länger in unverantwortlicher Weise in den Sterbeprozess durch lebensverlängernde Maßnahmen eingreifen und Patienten gegen ihren Willen an Geräte anhängen.
Ärzte, die dazu ausgebildet sind, Leben zu retten, müssen nun auch lernen, Leben enden zu lassen. Sie kennen sich schlecht aus mit dem Ende des Lebens und manche wissen die Zeichen eines nahenden Todes nicht zu deuten. Andererseits werden Ärzte durch dieses Urteil bestärkt, unnötige Therapien zu beenden, und einen Menschen sterben zu lassen, wenn dessen Zeit gekommen ist.
Bis 2012, so besagt es ein bisher wenig beachtetes neues Gesetz, müssen alle Universitäten Palliativmedizin, das heißt schmerzlindernde Medizin, in ihr Lehrprogramm aufneh-

men. Dadurch werden schon Medizinstudenten in der Ausbildung mit dem Sterben konfrontiert. Das ist eine sehr positive Entwicklung: Wenn angehende Ärzte schon frühzeitig mit dem Sterbeprozess konfrontiert werden, können sie in ihrem späteren Klinikalltag die auftretenden Situationen viel besser einschätzen.

Heute sind es eher die Pflegekräfte, die direkt an den Sterbebetten eingesetzt werden. Es war höchste Zeit, rechtlich verbindliche Aspekte der passiven Sterbehilfe in Deutschland zu stärken, damit der Wille eines Sterbenden auch tatsächlich umgesetzt werden kann. Das kann zu einem würdevolleren Sterben und einer besseren Betreuung am Lebensende führen, da ein *natürliches* Sterben ermöglicht wird.

Mit den medizinischen Möglichkeiten haben sich juristische und ethische Maßstäbe schon lange verschoben. Lebensschutz bedeutet nicht, den Menschen ihr Selbstbestimmungsrecht am Lebensende abzusprechen. Der Albtraum des Machbarkeitswahns wird in seine Schranken verwiesen. Durch dieses Urteil wird die Forderung nach aktiver Sterbehilfe überflüssig. Die direkte und gezielte Beendigung des Lebens bleibt verboten und steht nicht länger zur Disposition. Wenn der Wille des Patienten geachtet wird, drücken wir dadurch Respekt vor dem Leben aus. Der Sterbende bekommt seine Würde zurück.

Dank

Ich danke meinem Dual Gregory für die Erkenntnis, die Liebe in mir gefunden zu haben. Er begleitet mich während meiner irdischen Existenz und in Ewigkeit. Durch ihn habe ich gelernt, auf Gott zu vertrauen.
Ich danke meiner verstorbenen Mutter Hildegard Jakoby für alles, was sie mir durch ihr Leben und Sterben vermittelt hat. Ich danke auch meinem Vater Paul Jakoby, der mich lehrte, was Vergebung heißt.
Ich danke meinen Lebensbegleitern, die mich zu dem gemacht haben, was ich bin. Corinna Knoop für ihre bedingungslose Liebe und ihr Dasein in allen schwierigen Situationen sowie meinem Ewigkeitsfreund Niki Bausch. Ich danke Ramona Berndt, dass sie mich teilhaben ließ an ihren Erlebnissen mit ihrem verstorbenen Sohn und ihren echten Gotteserfahrungen. Ich danke Elke Röder für ihre beständige Anteilnahme an meiner Arbeit und für ihre Bereitschaft, mir stets zur Seite zu stehen und meinen Weg zu begleiten.
Ich danke allen Menschen, die mir ihr Vertrauen entgegenbringen und mich an ihren persönlichen Erlebnissen teilhaben lassen.
Zuletzt danke ich meiner Lektorin Sabine Jaenicke und dem gesamten Team des nymphenburger Verlages für die langjährige Unterstützung.

Anmerkungen

[1] Long, Jeffrey, Perry, Paul, Evidence of the afterlife. The Science of Near-Death-Experiences. New York 2010, S. 63 f.
[2] Bieneck, Andreas, Hagedorn, Hans-Bernd, Koll, Walter (Hrsg.), Ich habe ins Jenseits geblickt. Nahtoderfahrungen Betroffener und Wege, sie zu verstehen. Neukirchen Vluyn 2006, S. 74.
[3] Morse, Melvin, Perry, Paul, Verwandelt vom Licht. Über die transformierende Wirkung von Nahtodeserfahrungen. München 1984, S. 168.
[4] Kalweit, Holger, Liebe und Tod. Vom Umgang mit dem Sterben. Burgrain 2006, S. 119.
[5] Bieneck u. a., Ich habe ins Jenseits geblickt, S. 69.
[6] Ring, Kenneth, Elsässer-Valarino, Evelyn, Im Angesicht des Lichts. Was wir aus Nah-Tod-Erfahrungen für das Leben gewinnen. München 1999, S. 139.
[7] Ebenda, S. 146.
[8] Ebenda, S. 148.
[9] St. Clair, Marisa, Das Geheimnis des Todes. Nah-Todeserfahrungen. Augsburg 1998, S. 41.
[10] Bieneck u. a., Ich habe ins Jenseits geblickt, S. 84 f.
[11] Högl, Stefan, Leben nach dem Tod? Menschen berichten von ihren Nahtoderfahrungen. Rastatt 1998, S. 57.
[12] Vgl. Knoblauch, Hubert, Berichte aus dem Jenseits. Mythos und Realität der Nahtoderfahrung. Breisgau 1999, S. 127 ff.
[13] Högl, Leben nach dem Tod?, S. 86.
[14] zitiert nach Högl, Stefan, Transzendenzerfahrungen. Nahtoderlebnisse im Spiegel von Wissenschaft und Religion. Marburg 2006, S. 105.
[15] Schrott, Raoul, Gilgamesch. München 2001, S. 134.
[16] Kolpaktchy, Gregoire, Das Ägyptische Totenbuch. Bern 2001, S. 123.
[17] Högl, Transzendenzerfahrungen, S.137.
[18] Zaleski, Carol, Nah-Todeserlebnisse und Jenseitsvisionen vom Mittelalter bis zur Gegenwart. Frankfurt am Main 1993, S. 38.

[19] zitiert nach Högl, Transzendenzerfahrungen, S. 138.
[20] Homer, Ilias, Odyssee. Übersetzt von Johann Heinrich Voss. Köln 2003, S. 643.
[21] Moraldi, Luigi, Nach dem Tode. Zürich 1987, S. 106 ff.
[22] Hemleben, Johannes, Jenseits. Reinbek 1975, S. 67.
[23] Ebenda, S. 78.
[24] Gurlt, Uwe, Der Tod im Spiegel. Oster-Schnatebüll 2003, S. 99.
[25] Ebenda, S. 106.
[26] zitiert nach Jakoby, Bernard, Auch Du lebst ewig. München 2007, S. 127.
[27] Steinwede, Dietrich, Först, Dietmar, Die Jenseitsmythen der Menschheit. Düsseldorf 2005, S. 57.
[28] Ebenda, S. 17 f.
[29] Werner, Helmut, Das Islamische Totenbuch. Bergisch Gladbach 2002, S. 77.
[30] Vgl. L'Osservatore Romano, dt. Ausgabe, Nr. 45, 6.11.1998.
[31] 2. Korinther 12,2–4.
[32] Apostelgeschichte 9,3–6.
[33] Offenbarung 21,10–23.
[34] Termolen, Rosel (Hrsg.), Die Apokalypsen. Das Buch der geheimen Offenbarungen. Augsburg 1999, S. 277.
[35] Zaleski, Nah-Todeserlebnisse, S. 48.
[36] Dinzelbacher, Peter, An der Schwelle zum Jenseits. Sterbevisionen im interkulturellen Vergleich. Freiburg im Breisgau 1989, S. 36 f.
[37] Ebenda, S. 41.
[38] Ebenda, S. 75.
[39] Ebenda, S. 22.
[40] Freke, Timothy, Gandy, Peter, Die Welt der Mystik. München 2001, S. 172.
[41] Ebenda, S. 173.
[42] Baignant, Michael, Spiegelbild der Sterne. München 2001, S. 233.
[43] Zaleski, Nah-Todeserlebnisse, S. 191.
[44] Kübler-Ross, Elisabeth, Das Rad des Lebens. Autobiographie. München 1997, S. 342 f.
[45] Kübler-Ross, Elisabeth, Kessler, David, Dem Leben neu vertrauen. Den Sinn des Trauerns durch die fünf Stadien des Verlusts finden. Stuttgart 2006, S. 10 f.
[46] Van Lommel, Pim, Endloses Bewusstsein. Neue medizinische Fakten zur Nahtoderfahrung. Düsseldorf 2009, S. 51.

[47] Ebenda, S. 52.
[48] Ebenda, S. 169.
[49] Ring, Kenneth, Den Tod erfahren, das Leben gewinnen. Bergisch-Gladbach 1988, S. 65.
[50] Ebenda, S. 82.
[51] Sabom, Michael, Erinnerung an den Tod. Eine medizinische Untersuchung. Gütersloh 1982, S. 48.
[52] Long, Perry, Evidence of the afterlife, S. 108.
[53] Brinkley, Dannion, Geborgen im Licht. Die wahre Geschichte des Mannes, der zweimal starb. München 2009, S. 42.
[54] Morse, Melvin, Perry, Paul, Zum Licht. Was wir von Kindern lernen können, die dem Tod nahe waren. Frankfurt 1994, S. 48.
[55] Morse, Perry, Verwandelt vom Licht, S. 13.
[56] St. Clair, Das Geheimnis des Todes, S. 123.
[57] Ebenda, S. 122.
[58] Ebenda, S. 125.
[59] Vgl. Fenwick, Peter, Science and Spirituality: A Challenge for the 21st Century, vgl. http:/iands.org/research/fenwick2.php (Stand: 28.10.2010).
[60] Long, Perry, Evidence of the afterlife, S. 147.
[61] Ebenda, S. 162.
[62] Ebenda, S. 165.
[63] Long, Jeffrey, Perry, Paul, Beweise für ein Leben nach dem Tod. München 2010, S. 233.
[64] Ebenda, S. 241.
[65] Kalweit, Holger, Liebe und Tod. Vom Umgang mit dem Sterben. Burgrain, 2006 S. 56 f.
[66] Ebenda, S. 57.
[67] Ebenda, S. 56.
[68] Van Lommel, Endloses Bewusstsein, S. 22.
[69] Bieneck u.a., Ich habe ins Jenseits geblickt, S. 20.
[70] Ebenda, S. 18.
[71] Wambach, Helen, Leben vor dem Leben. München 1980, S. 125.
[72] Ebenda, S. 126.
[73] Ebenda, S. 127.
[74] Ebenda, S. 103.
[75] Ebenda, S. 105.
[76] Ebenda, S. 104.
[77] Hoffmann, Arne, Lexikon des Jenseits. Güllesheim 2005, S. 31.
[78] Kalweit, Holger, Liebe und Tod, S. 67.

[79] Ring, Elsässer-Valarino, Im Angesicht des Lichts, S. 62.
[80] Bieneck u.a., Ich habe ins Jenseits geblickt, S. 48.
[81] St. Clair, Das Geheimnis des Todes, S. 39.
[82] Van Lommel, Endloses Bewusstsein, S. 60.
[83] Long, Perry Evidence of the afterlife, S. 127.
[84] Ebenda.
[85] Högl, Leben nach dem Tod?, S. 46 f.
[86] Bieneck u.a., Ich habe ins Jenseits geblickt, S. 82.
[87] Ebenda, S. 50.
[88] Ebenda, S. 81.
[89] Van Lommel, Endloses Bewusstsein, S. 69.
[90] Ring, Elsässer-Valarino, Im Angesicht des Lichts, S. 136.
[91] Ebenda, S. 148 f.
[92] Bieneck u.a., Ich habe ins Jenseits geblickt, S. 77.
[93] Ring, Elsässer-Valarino, Im Angesicht des Lichts, S. 151.
[94] Ebenda, S. 148.
[95] Ebenda.
[96] Ebenda, S. 156.
[97] Brinkley, Geborgen im Licht, S. 78.
[98] Bieneck u.a., Ich habe ins Jenseits geblickt, S. 34.
[99] Ring, Elsässer-Valarino, Im Angesicht des Lichts, S. 173 f.
[100] Ebenda, S. 174.
[101] Van Lommel, Endloses Bewusstsein, S. 73.
[102] Bieneck u.a., Ich habe ins Jenseits geblickt, S. 86.
[103] Van Lommel, Endloses Bewusstsein, S. 78.
[104] Long, Perry, Beweise für ein Leben nach dem Tod, S. 269.
[105] Ring, Elsässer-Valarino, Im Angesicht des Lichts, S.185.
[106] Ebenda, vgl. S. 189.
[107] Long, Perry, Beweise für ein Leben nach dem Tod, S. 267.
[108] Van Lommel, Endloses Bewusstsein, S. 82.
[109] Högl, Leben nach dem Tod?, S. 73 f.
[110] Ebenda, S. 83.
[111] Van Lommel, Endloses Bewusstsein, S. 89.
[112] Morse, Perry, Verwandelt vom Licht, S. 135.
[113] Ebenda, S. 48.
[114] Ebenda, S. 84.
[115] St. Clair, Das Geheimnis des Todes, S. 88.
[116] Elsässer-Valarino, Evelyn, Erfahrungen an der Schwelle des Todes. Genf 1995, S. 58.
[117] Ebenda, S. 215 f.

[118] Ebenda, S. 216.
[119] Ebenda, S. 240.
[120] Grey, Margot, Return from Death. London 1985, S. 138.
[121] Ring, Elsässer-Valarino, Im Angesicht des Lichts, S. 220.
[122] Högl, Leben nach dem Tod?, S. 44.
[123] Long, Perry, Beweise für ein Leben nach dem Tod, S. 29.
[124] St. Clair, Das Geheimnis des Todes, S. 77.
[125] Ebenda, S. 34.
[126] Elsässer-Valarino, Erfahrungen an der Schwelle des Todes, S. 50.
[127] Högl, Transzendenzerfahrungen, S. 63.
[128] Ritchie, Jean, Blicke ins Jenseits. Berichte von der Schwelle zum Tod. Bergisch-Gladbach 1997, S. 102.
[129] Ebenda, S. 74.
[130] Ebenda, S. 195.
[131] Ring, Den Tod erfahren, S. 68.
[132] Elsässer-Valarino, Erfahrungen an der Schwelle des Todes, S. 36.
[133] Brinkley, Geborgen im Licht, S. 58.
[134] Eadie, Betty, Licht am Ende des Lebens. Bericht einer außergewöhnlichen Nah-Todeserfahrung. München 1994, S. 94.
[135] Högl, Leben nach dem Tod?, S. 57.
[136] Ebenda, S. 61.
[137] Ebenda, S. 59.
[138] Ebenda, S. 60.
[139] Ring, Elsässer-Valarino, Im Angesicht des Lichts, S. 288.
[140] Brinkley, Geborgen im Licht, S. 41.
[141] Högl, Leben nach dem Tod?, S. 56.
[142] Ebenda, S. 56.
[143] Ring, Den Tod erfahren, S. 82.
[144] Ring, Elsässer-Valarino, Im Angesicht des Lichts, S. 291.
[145] »Nah-Todeserfahrungen. Rückkehr zum Leben.« in: Flensburger Hefte, 1995, Nr.51, S. 16.
[146] Bieneck u.a., Ich habe ins Jenseits geblickt, S. 75.
[147] Ring, Elsässer-Valarino, Im Angesicht des Lichts, S. 63.
[148] Ebenda, S. 37.
[149] Ebenda, S. 289.
[150] Ebenda, S. 289.
[151] Yogananda, Paramahansa, Autobiographie eines Yogi. Budapest 2001, S. 187 ff.
[152] Ring, Elsässer-Valarino, Im Angesicht des Lichts, S. 293.
[153] Ebenda, S. 294.

[154] »Nah-Todeserfahrungen. Rückkehr zum Leben.« in: Flensburger Hefte, 1995, Nr.51, S. 114.
[155] Högl, Leben nach dem Tod?, S. 69.
[156] Ring, Elsässer-Valarino, Im Angesicht des Lichts, S. 297.
[157] Ebenda, S. 297.
[158] Ebenda, S. 299.
[159] St. Clair, Das Geheimnis des Todes, S. 65.
[160] Ring, Den Tod erfahren, S. 142.
[161] Ring, Elsässer-Valarino, Im Angesicht des Lichts, S. 300.
[162] Ebenda, S. 301.

Literatur

Bieneck, Andreas, Hagedorn, Hans-Bernd, Koll, Walter (Hrsg.), Ich habe ins Jenseits geblickt. Nahtoderfahrungen Betroffener und Wege, sie zu verstehen. Neukirchen Vluyn 2006.
Brinkley, Dannion, Geborgen im Licht. Die wahre Geschichte des Mannes, der zweimal starb. München 2009.
Cardinal, Claudia, Sterbe- und Trauerbegleitung. Düsseldorf 2005.
Dinzelbacher, Peter, An der Schwelle zum Jenseits. Sterbevisionen im interkulturellen Vergleich. Freiburg im Breisgau, 1989.
Eadie, Betty, Licht am Ende des Lebens. München 1994.
Elsässer-Valarino, Evelyn, Erfahrungen an der Schwelle des Todes. Genf 1995.
Ewald, Günter, An der Schwelle zum Jenseits. Mainz 2001.
Fenwick, Peter, Science and Spirituality: A Challenge for the 21st Century, (http:/iands.org/research/fenwick2.php).
Gurlt, Uwe, Der Tod im Spiegel. Oster-Schnatebüll 2003.
Hemleben, Johannes, Jenseits. Reinbek 1975.
Högl, Stefan, Leben nach dem Tod? Menschen berichten von ihren Nahtoderfahrungen. Rastatt 1998.
Högl, Stefan, Transzendenzerfahrungen. Nahtoderlebnisse im Spiegel von Wissenschaft und Religion. Marburg 2006.
Hoffmann, Arne, Lexikon des Jenseits. Güllesheim 2005.
Jakoby, Bernard, Auch Du lebst ewig. München 2000.
Jakoby, Bernard, Das Leben danach. München 2001.
Jakoby, Bernard, Die Brücke zum Licht. München 2002.
Jakoby, Bernard, Keine Seele geht verloren. München 2003.
Jakoby, Bernard, Geheimnis Sterben. München 2004.
Jakoby, Bernard, Alles wird gefügt. München 2005.
Jakoby, Bernard, Begegnungen mit dem Jenseits. Reinbek bei Hamburg 2006.
Jakoby, Bernard, Wir sterben nie. München 2007.
Jakoby, Bernard, Gesetze des Jenseits. München 2009.
Jakoby, Bernard, Hoffnung auf ein Wiedersehen. München 2010.
Kämper, Angela, Übergang ins Licht. München 2009.

Kalweit, Holger, Der Stoff aus dem die Seele ist. Burgrain 2004.
Kalweit, Holger, Liebe und Tod. Vom Umgang mit dem Sterben. Burgrain 2006.
Knoblauch, Hubert, Berichte aus dem Jenseits. Mythos und Realität der Nahtoderfahrung. Freiburg im Breisgau 1999.
Kolpaktchy, Gregoire, Das Ägyptische Totenbuch. Bern 2001.
Kübler-Ross, Elisabeth, Das Rad des Lebens. Autobiographie. München 1997.
Kübler-Ross, Elisabeth, Kessler, David, Dem Leben neu vertrauen. Den Sinn des Trauerns durch die fünf Stadien des Verlusts finden. Stuttgart 2006.
Long, Jeffrey, Perry, Paul, Evidence of the afterlife. The Science of Near-Death-Experiences. New York 2010.
Long, Jeffrey, Perry, Paul, Beweise für ein Leben nach dem Tod. München 2010.
Michels, Johannes, Berichte von der Jenseitsschwelle. Authentische Fälle von Nahtodeserfahrungen. München 2008.
Moody, Raymond, Leben nach dem Tod. Reinbek bei Hamburg 2001.
Moraldi, Luigi, Nach dem Tode. Zürich 1987.
Morse, Melvin, Perry, Paul, Verwandelt vom Licht. Über die transformierende Wirkung von Nahtodeserfahrungen. München 1984.
Morse, Melvin, Perry, Paul, Zum Licht. Was wir von Kindern lernen können, die dem Tod nahe waren. Frankfurt 1994.
Ring, Kenneth, Den Tod erfahren, das Leben gewinnen. Bergisch-Gladbach 1988.
Ring, Kenneth, Elsässer-Valarino, Evelyn, Im Angesicht des Lichts. Was wir aus Nah-Tod-Erfahrungen für das Leben gewinnen. München 1999.
Ritchie, Jean, Blick ins Jenseits. Berichte von der Schwelle zum Tod. Bergisch-Gladbach 1997.
Sabom, Michael, Erinnerung an den Tod. Eine medizinische Untersuchung. Gütersloh 1982.
Schrott, Raoul, Gilgamesch. München 2001.
Steinwede, Dietrich, Först, Dietmar, Die Jenseitsmythen der Menschheit. Düsseldorf 2005.
St. Clair, Marisa, Das Geheimnis des Todes. Nah-Todeserfahrungen. Augsburg 1998.
Termolen, Rosel (Hrsg.), Die Apokalypsen. Das Buch der geheimen Offenbarungen. Augsburg 1999.

Van Lommel, Pim, Endloses Bewusstsein. Neue medizinische Fakten zur Nahtoderfahrung. Düsseldorf 2009.
Wambach, Helen, Autobiographie eines Yogis. Budapest 2001.
Zaleski, Carol, Nah-Todeserlebnisse und Jenseitsvisionen vom Mittelalter bis zur Gegenwart. Frankfurt am Main 1993.

Kontakt

Website des Autors: www.sterbeforschung.de

Wenn Sie Ihre persönlichen Erlebnisse schriftlich mitteilen möchten, schreiben Sie bitte an:

Bernard Jakoby
c/o nymphenburger Verlag
Thomas-Wimmer-Ring 11
D-80539 München

Infotelefon: Elke Röder +49-30-3 96 44 06

Diese Bücher spenden Mut und Lebenssinn

Gesetze des Jenseits
Das Vermächtnis der geistigen Welt zum Thema Leben, Tod und Unsterblichkeit: Bernard Jakoby öffnet sich für den Kontakt mit seiner Dualseele und wird so zu einem Kanal für die jenseitige Welt.
208 Seiten, ISBN 978-3-485-01193-8, nymphenburger

Alles wird gefügt
Dieses Buch hilft zu erkennen, wie der Himmel unser Leben fügt. Neben Ritualen für die Sterbebegleitung wird das Tabuthema Organspende analysiert und die Problematik der erdgebundenen Seelen angesprochen.
240 Seiten, ISBN 978-3-7844-3013-3, Langen*Müller*

Wir sterben nie
Eine lichtvolle Gesamtdarstellung darüber, was wir heute über das Jenseits wissen können. Nahtoderfahrungen, Nachtodkontakte, mediale Schilderungen und moderne Rückführungserfahrungen zeigen, dass unser Leben nach dem Tod weitergeht.
264 Seiten, ISBN 978-3-485-01117-4, nymphenburger

Begegnung mit dem Licht (CD)
Bernard Jakoby gibt konkrete Hinweise zur Sterbebegleitung, beschreibt den inneren Sterbeprozess und erläutert das Thema Nachtodkontakte. Seine einfühlsamen Texte helfen bei der Bewältigung von schmerzhaften Verlusten und ermöglichen den angstfreien Umgang mit dem Tod.
1 CD, ISBN 978-3-7844-4096-5, Langen*Müller* | **Hörbuch**

Keine Seele geht verloren
Kein Tod ist zufällig! Dieses Buch bietet geistige und praktische Hilfe für Angehörige und enthält zahlreiche Tipps und Adressen für die Bewältigung eines plötzlichen Todes.
256 Seiten, ISBN 978-3-485-01332-1, nymphenburger

Hoffnung auf ein Wiedersehen
Der bekannte Sterbeforscher erklärt, wie liebevolle Sterbebegleitung aussehen kann, was beim Sterben und danach geschieht und wie Trauer und Verlust verarbeitet werden können. Konkrete Lebenshilfe für alle, die mit dem Sterben und Tod eines geliebten Menschen konfrontiert sind.
152 Seiten, ISBN 978-3-485-01301-7, nymphenburger
auch als Hörbuch, vom Autor selbst gelesen:
1 CD, ISBN 978-3-7844-4224-2, Langen*Müller* | Hörbuch

Auch du lebst ewig
Die große Gesamtdarstellung der Erkenntnisse der Sterbeforschung. Alle erwartet ein Leben nach dem Tod und wir müssen keine Angst vor dem Sterben haben.
224 Seiten, ISBN 978-3-7844-2775-1, Langen*Müller*

Die Brücke zum Licht
Medizinische Studien belegen, dass Bewusstsein unabhängig vom Körper existiert. Der Autor beschreibt die Bedeutung der Nahtoderfahrungen für unser Leben.
256 Seiten, ISBN 978-3-7844-6025-3, Langen*Müller*

Das Leben danach
Bernard Jakoby erklärt das vielfältige heute erforschte Wissen über das Jenseits, was mit uns beim Sterben geschieht und wie das Weiterleben nach dem Tod beschaffen ist.
240 Seiten, ISBN 978-3-485-01215-7, nymphenburger

Geheimnis Sterben
Dieses Buch schildert genauestens, was beim Sterben im Menschen abläuft. Dabei zeigt sich, dass die Visionen Sterbender ein integraler Bestandteil des Sterbeprozesses sind. Ein unverzichtbarer Ratgeber für die Sterbebegleitung.
208 Seiten, ISBN 978-3-7844-2977-9, Langen*Müller*

Bücher von Bernard Jakoby bei Langen*Müller* und *nymphenburger*

www.langen-mueller-verlag.de | www.nymphenburger-verlag.de